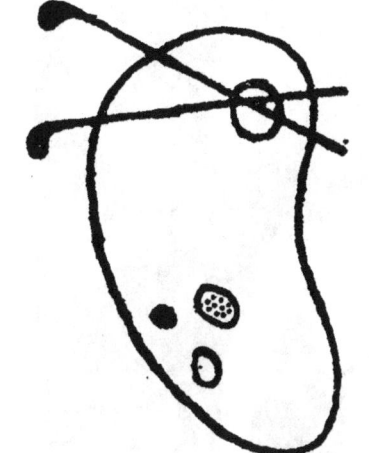

Début d'une série de documents en couleur

RELIURE SERREE
Absence de marges intérieures

VALABLE POUR TOUT OU PARTIE
DU DOCUMENT REPRODUIT

QUATRIÈME ÉDITION

PARIS
LIBRAIRIE FRANÇAISE ALPHONSE PIAGET, ÉDITEUR
16, RUE DES VOSGES, 16

1888

LIBRAIRIE FRANÇAISE ALPHONSE PIAGET, ÉDITEUR

16, RUE DES VOSGES, PARIS

EN VENTE

HISTOIRES INCONVENANTES

PAR

ARMAND SILVESTRE

HUITIÈME ÉDITION

Beau volume in-18, avec couverture illustrée et coloriée
par José Roy

PRIX : 3 fr. 50

Envoi franco contre timbres ou mandats poste

Paris. — Typ. G. Chamerot, 19, rue des Saints-Pères. — 22700.

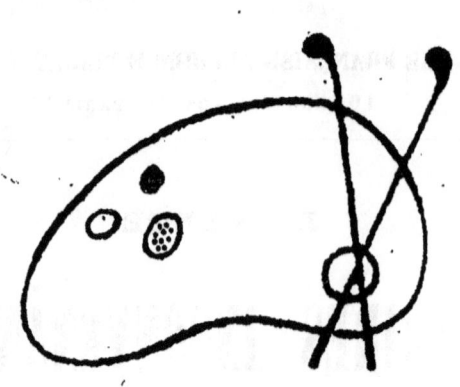

Fin d'une série de documents en couleur

8º Y²
41376

MAÏMA

IL A ÉTÉ IMPRIMÉ

dix exemplaires numérotés sur papier de Hollande

Prix : 10 francs.

ARMAND SILVESTRE

MAÏMA

QUATRIÈME ÉDITION

PARIS
LIBRAIRIE FRANÇAISE
ALPHONSE PIAGET, ÉDITEUR
16, RUE DES VOSGES, 16
1888
Tous droits réservés.

A ÉMILE MARIE

« Le rire est le propre de l'homme » a écrit Rabelais. Mais hélas ! « le pleurer » est le propre de l'homme aussi. Je ne crois donc pas avoir à me défendre d'avoir quitté le chemin joyeux et fleuri de billevesées qui fut longtemps le mien, pour écrire ces contes mélancoliques où je n'ai pas moins mis de moi-même.

Ceux qui me veulent connaître m'y reconnaîtront fidèle sinon tout entier. Ils y trouveront l'amour éperdu de la femme qui fit mon œuvre fragile et sincère, parce qu'il avait fait ma vie. Je n'y ai point redouté les sentimentalités qui ne semblent puériles qu'aux sots.

Je les ai écrits pour les hommes de bonne volonté, ne me flattant pas qu'ils leur tiennent lieu du royaume des cieux promis. Je vous les dédie, ami lointain dont la main a trop rarement rencontré la mienne, mais dont la sympathie me fut douce, entre toutes, pour sa spontanéité et sa constance.

Ils ne valent sans doute que par l'affection que leur envoi vous témoigne. Mais, si cela est insuffisant pour le lecteur, c'est tout au moins assez pour vous et pour moi.

ARMAND SILVESTRE.

Mai 1888.

MAÏMA

A. C. *Lemaître.*

I

Dans un de ces beaux jardins de Bretagne où, dès les premiers jours de janvier, les camélias ouvrent leurs cœurs de marbre rose et blanc, où les magnolias balancent, dans leur verdure sombre, de larges cloches d'argent vivant, une jeune fille était assise, presque une jeune femme, dont la toilettte simple, mais de couleurs vives et mêlées, mettait une note étrange dans ce paysage un peu monotone que baignait un pâle soleil.

Posée nonchalamment sur un banc rustique,

elle regardait dans le vague, les mains croisées sur un genou, de petites mains très fines au ton légèrement ambré et dont les ongles roses étaient luisants comme des griffes; son visage, d'une matité un peu brune, d'une pâleur, pour ainsi dire, sombre, était orné, comme celui d'une Minerve, d'un vrai casque lourd et massif, d'un casque d'ombre que formait son épaisse chevelure noire venant poser, comme les volutes d'une vague, sur un front aux lignes très pures. Le nez, d'un dessin absolument correct, avait aux narines le frémissement qu'ont les ailes des papillons quand ils se posent sur une fleur. Les yeux étaient noirs, mais d'un noir transparent où passaient comme des veines d'améthyste courant sous la pénombre de très longs cils, et la bouche, aux lèvres un peu minces mais d'un rouge ardent, avait une expression indicible de résolution. Il était aisé de deviner, rien qu'à voir cette belle créature, qu'elle n'était pas de sang français.

Comment se trouvait-elle alors dans ce coin fleuri de France, au château de Mont-Renaud, un des plus beaux des environs de Nantes, et qui n'est plus qu'un monceau de ruines aujourd'hui ? Vous l'apprendrez tout à l'heure. Faisons d'abord plus ample connaissance avec les temps où se passe cette aventure et avec le décor de ce court drame qui me fut conté là-bas par un vieux du pays qui disait l'avoir entendu de son père.

On était sous Louis XV, dit le bien-aimé, par la bienveillance de ses sujets, et le château de Mont-Renaud où je vous conduis appartenait à une vieille famille huguenote, dont les derniers représentants étaient une vieille dame, veuve d'un armateur fameux, — car la persécution catholique avait réduit au commerce une partie de la noblesse protestante, — et sa fille Geneviève, qui était assurément un des plus beaux partis de la contrée. Et je ne dis pas cela seulement pour l'immense fortune qu'elle avait : car jamais je ne consentirai à regarder la femme comme une simple forme du billet de banque, mais aussi parce qu'elle était charmante de tous points, coiffée d'une merveilleuse chevelure blonde, comparable à une coulée de miel, avec un beau regard clair comme en ont les filles des bords de la mer dont les prunelles sont deux gouttes d'eau où l'océan semble avoir mis son infini; avec un sourire pareil à l'épanouissement d'une fleur d'églantine.

On eût vainement cherché, en elle, une trace de la beauté, un peu rigide, de sa mère. Car pour terminer ces portraits, je vous dirai que Mme de Mont-Renaud, la dernière du nom, avait été fort belle, et que le temps, en neigeant sur sa tête, en avait respecté le caractère à la fois hautain et bienveillant qui était comme un charme triomphant. C'était, de plus, une créature excellente, demeurée naïve dans un milieu qui ne l'était guère, mais très imbue des idées nouvelles, furieusement encyclopédiste et humanitaire, disciple de Rousseau, l'aimable corrupteur, et toujours en querelle avec son curé qui n'en était pas moins l'hôte le plus assidu du château.

Cette femme supérieure, avec des côtés enfantins, avait trouvé tout naturel de faire la compagne de sa fille, et presque une sœur pour celle-ci, d'une jeune fille de sang-mêlé, née dans notre Guyane, de colons qu'avait occupés son mari et que feu Mont-Renaud avait ramenée tout enfant, au retour d'un de ses voyages. Elle mettait même une certaine ostentation à développer cette intimité qui était un scandale pour beaucoup d'imbéciles. Maïma, ainsi se nommait cette façon de créole, répondait par beaucoup de douceur et de prévenance à cette excessive bonté de ses maîtresses : mais jamais sa reconnaissance n'avait été jusqu'à l'abandon que sollicitaient tant de caresses. Rien d'expansif dans l'expression de son affection. Beaucoup de réserve et je ne sais quoi de craintif dans son attitude ; et ces façons défensives d'être, avaient été en s'accentuant à mesure qu'elle avait grandi et était devenue une femme. On ne s'en inquiétait pas, mais sa protectrice n'était pas sans en être quelquefois froissée. Quant à Geneviève, elle la prenait comme elle était et l'aimait vraiment de toute son âme.

Et maintenant sachez que c'est Maïma que nous avons rencontrée rêveuse dans le jardin, et les regards perdus dans une méditation mystérieuse.

Bien qu'il ne fut pas cinq heures encore, le

jour tombait ; il allait s'éteignant vers l'horizon avec des clartés blanches de lampe qui agonise, promenant ses derniers frissons de lumière sur les feuilles en lances et luisantes des camélias, et l'air restait tiède cependant, et la brise, subitement venue, semblait en multiplier les caresses... Soudain Maïma décroisa ses mains et ses genoux comme pour se lever ; puis, sa pose s'alanguit à nouveau, comme sous une lassitude nouvelle, et, d'une voix très douce, très lente, les lèvres remuant à peine et sur un air mélancolique qui n'était de France, pas plus qu'elle, elle chanta :

>Sur le flot par le vent poussée,
>Fleur, par le vent prise au buisson,
>La mer bien longtemps m'a bercée
>Et je sais encor sa chanson.
>
>La chanson de la mer lointaine
>Qui chante au pays du soleil,
>Et meurt dans la brume incertaine,
>Sous un rayonnement vermeil ;
>
>La chanson de larmes mêlée
>Que la vague dit en partant
>Et qui rend à l'âme exilée
>Un peu du ciel qu'on aimait tant !

> La chanson que le matin chante,
> Et que la nuit apprend au jour;
> La chanson plaintive et touchante,
> L'éternelle chanson d'amour!

Puis elle se tut et un frisson vite réprimé lui secoua les épaules sous le grand fichu rouge aux fleurs d'or, dont elles étaient enveloppées. Un homme était debout à côté d'elle et une voix dont le timbre était doux naturellement, mais dont l'accent avait quelque rudesse, lui demanda :

— Maïma, savez-vous où est Mlle Geneviève ?

II

Il s'en va temps, comme dit la chanson, que nous parlions de ce nouveau venu. Le comte Maxime de Prailles était petit-cousin de Mlle Geneviève de Mont-Renaud et, comme elle, appartenant à la religion réformée. C'était un gentilhomme d'allures parfaites et, bien que jeune, ayant déjà longtemps navigué au service du Roi-Grand ; sans embonpoint fâcheux, de tournure virile, il avait été souvent aimé, et ce qui vaut mieux, avait aimé aussi. Le vœu secret du père de Geneviève avait toujours été qu'elle devînt sa femme, et il avait exprimé ce désir, une fois encore en mourant, mais en recommandant à Mᵐᵉ de Mont-Renaud de n'en rien laisser deviner à sa fille qu'en temps utile. Car il n'était pas rassuré sur les intentions du comte et redoutait de faire naître dans le cœur de son enfant une inclination sans espoir.

Sa volonté avait été obéie de tous points. Sans attirer précisément M. de Prailles au château, on l'y avait toujours accueilli de façon à lui donner envie d'y revenir. Mais il avait été le plus discret du monde avec les tentations de cette hospitalité et ses visites avaient gardé leur caractère de politesse familiale, de relations de bonne parenté et de politesse. Rien n'y avait jamais trahi la moindre inclination pour sa cousine et les ambitions d'un prétendant. Elles duraient en général fort peu. Très agréables à Mᵐᵉ de Mont-Renaud à qui elles fournissaient un interlocuteur et même un contradicteur pour philosopher, elles paraissaient indifférentes à Mlle Geneviève qui s'abstenait de tout manège coquet. Elle se contentait de reprocher à M. de Prailles sa dureté pour Maïma que celui-ci traitait de très haut et avec une affectation blessante de mépris. « La négresse », comme il l'appelait, semblait avoir le don de lui porter sur les nerfs et il ne manquait pas une occasion de lui manifester cette antipathie. C'était un étonnement pour toute la maison où M. le comte était aimé pour l'affabilité aristocratique, mais réelle, de ses façons même avec le pauvre monde.

Maïma qui cependant était de nature très fière, subissait cette injurieuse conduite sans la moindre protestation muette, sans la moindre révolte apparente. Une fois cependant, après un mot très déplaisant de M. de Prailles, Geneviève vit des larmes dans les yeux de son amie.

— Tu pleures, lui dit-elle, en courant à elle pour l'embrasser.

Mais Maïma la repoussa très doucement, en lui disant, avec un sourire qui semblait lui

1.

brûler les lèvres : — Non! non! vous vous trompez!

Quand le comte vint ainsi la trouver auprès du banc où nous l'avons laissée assise, il y avait, par extraordinaire, huit jours déjà qu'il était chez ses cousines. Jamais il n'y avait fait un si long séjour. Autant vous dire tout de suite que le hasard n'était pour rien dans cette nouvelle façon d'agir. Un grave événement s'était passé dans la vie de M. de Prailles. Ruiné depuis longtemps, il venait de contracter une dette d'honneur considérable et se voyait dans l'impossibilité de la payer. Une seule ressource lui restait : un riche mariage. C'était un galant homme qui avait d'abord frémi de honte à cette idée. Mais il est des situations qui sont pour vaincre toutes les révoltes de la conscience. Le suicide même n'eût pas été une solution pour lui. Il mourrait insolvable en un temps où certaines natures d'obligations non remplies laissaient une flétrissure irréparable au nom. D'ailleurs il ne cacherait rien de sa situation aux intéressés. Quand feu Mont-Renaud lui avait fait comprendre de toutes les façons qu'il le souhaitait pour gendre, le vieil armateur qui voulait, avant tout, pour sa fille, un beau nom, savait fort bien que M. de Prailles était un viveur ayant dépensé son patrimoine. D'ailleurs, Mlle de Mont-Renaud avait une fortune suffisante pour n'en exiger aucune de son mari. Oh! il serait parfaitement loyal avec elle et ferait de son mieux pour la rendre heureuse! Donnant, donnant; il ne connaissait que cela! Il serait le plus irréprochablement fidèle des maris et y aurait plus de mérite qu'aucun autre. Ainsi par mille projets vertueux, il couvrait de fleurs le précipice moral où il allait plonger, et s'étourdissait sur la vilenie d'une action contre laquelle protestait, au fond, la droiture de son âme. Ainsi les meilleurs d'entre nous sont ceux qui se contentent de se prendre eux-mêmes pour dupes.

Le jour même, dans le grand salon aux murs ornés de portraits d'ancêtres, devant la table sur laquelle Mme de Mont-Renaud avait ouvert une superbe édition du *Contrat Social* pour y puiser contre son cousin récalcitrant d'irréfutables arguments, M. de Prailles avait dit un mot de ses espérances nouvelles à la bonne dame qui avait tressauté de joie en voyant se réaliser le rêve de son défunt époux. Le comte avait été aussi honnête qu'il se l'était promis et avait noblement avoué sa déconfiture. Il avait ajouté, il est vrai, qu'il aimait depuis longtemps Geneviève en secret et que l'embarras seul de sa situation avait retenu jusque-là cet aveu sur ses lèvres. Mais enfin, il était vaincu par sa tendresse... il osait... Tout cela n'était pas vrai parfaitement. Mais il ne l'eût pas dit qu'il eût été un malotru et un impertinent. L'excellente madame de Mont-Renaud fut extrêmement touchée de sa délicatesse. D'ailleurs M. de Prailles ne voulait obtenir la main de sa cousine que d'elle-même. Il fut immédiatement autorisé par la mère à en parler à la fille. C'était donc à la recherche de Geneviève qu'il était allé quand il avait trouvé Maïma sur le banc et l'avait brusquement interrogée. Celle-ci lui ayant répondu qu'elle ne savait pas où était Mlle de Mont-Renaud, il lui jeta un coup d'œil terrible et lui dit :

— Tu sais, il faudra que cela finisse!

Tremblante, elle le regarda avec des yeux où l'angoisse mettait d'humides lumières et murmura :

— Que vous ai-je donc fait?

Mais il ne daigna pas lui répondre et disparut entre les arbres déjà confus sous la nuit tombante. L'obscurité semblait monter de la terre au-dessus de laquelle ne flottait plus qu'un fantôme de jour au suaire déchiré par les premières étoiles. Elle laissa quelques instants la tête dans ses mains, les mouvements de son front secoué par les sanglots faisant craquer ses doigts, et ses coudes lui entrant dans les côtes à chaque soubresaut. De ce voile vivant et crispé, elle retira enfin son visage où une éclaircie de lune mit la pâleur désespérée d'une douleur surhumaine. Et elle répéta :

— Il faudra que cela finisse!

La cloche du dîner sonnait au château.

III

Si vous aviez mieux connu M. le comte de Prailles, je n'aurais pas eu à vous dire le secret de sa conduite avec Maïma. C'était, je vous l'ai dit, un garçon absolument droit d'intentions, même au travers des chemins obscurs où la passion l'avait souvent traîné. Du premier jour où il l'avait vue, Maïma avait produit sur lui une impression puissante qu'il voulait prendre pour de la haine, parce qu'il se révoltait à l'idée que ce fut autre chose. Il avait plus que personne, des préjugés de blanc à l'endroit des femmes de couleur : mais ce n'était pas de cela seulement que lui venait son indignation contre lui-même. Cette fille qui le troublait à un si haut point, il la trouvait sous un toit ami, hospitalier, dans sa propre famille où elle était traitée en égale. Cela lui avait suffi, depuis longtemps, pour la considérer comme un être incommode, comme une tentation inavouable, comme une pierre d'achoppement, qu'il avait le droit de repousser de sa route d'un coup de pied. La rareté de ses visites avait été longtemps causée par ce sentiment de révolte et de faiblesse, par la honte de ne pouvoir secouer cette avilissante servitude de son esprit.

Mais quand il eut conçu le projet d'épouser Geneviève, ses sentiments prirent un tour bien autrement vif et résolu. Maïma était comme une sœur pour Geneviève. Il n'aimait pas Geneviève et... il n'osait s'avouer le reste. Pouvait-il la laisser entre eux deux? Je vous répète qu'en tout cela, la préoccupation de M. de Prailles était celle d'un honnête homme et qu'il y avait bien quelque excuse à son apparente cruauté.

Il n'y avait plus à reculer d'ailleurs. En guettant Maïma, le comte avait rencontré Geneviève qui, inquiète de la longue absence de sa compagne, la cherchait dans le parc, plus blonde que jamais sous la clarté blonde qui tombait du ciel dont s'étaient envolées les nuées. Il avait, comme à sa mère, tout dit à la jeune fille, sa situation précaire et désespérée, et aussi il avait dû lui répéter que sa tendresse pour elle était ancienne déjà, et que la nécessité d'avouer le mauvais état de sa fortune en avait seule empêché la manifestation jusque-là. Comme Mme de Mont-Renaud, Geneviève fut touchée de cette noblesse d'impressions. Elle n'avait jamais songé que M. de Prailles pût devenir son mari : mais, à tout prendre, elle l'avait toujours trouvé charmant, plus charmant qu'aucun autre. N'était-ce pas tout ce qu'il fallait. L'expression du vœu de son père, qu'elle avait toujours ignoré, acheva de la décider. C'était une pieuse fille et pleine de respect pour les volontés des mourants. Ce fut donc avec une franchise adorable, avec une sincérité parfaite qu'elle mit sa main dans la main du comte et qu'il fut convenu entre eux que le mariage aurait lieu avant la fin du printemps. Ce serait charmant! Ils feraient ensemble quelque beau voyage par-delà les mers. Le sang du marin paternel courait aux veines si délicieusement azurées, sous la transparence neigeuse de la peau, de Geneviève. Certes, ils iraient loin, bien loin, sous le ciel toujours bleu que le vol des alcyons traverse et qui met à l'horizon sa lèvre de brume à la lèvre écumeuse de l'océan!

Après une heure de ce rêve à deux où l'âme de Geneviève s'était abandonnée comme si le bonheur lui eût donné des ailes, Maxime rentra dans sa chambre. Il tira de sa poche une fleur de camélia toute fanée qui était tombée du corsage de Maïma, quand elle s'était levée pour lui répondre et qu'il avait ramassée furieusement, sans qu'elle le vit derrière elle. Il couvrit la fleur de baisers, la mordit avec rage, la jeta à terre et la foula nerveusement sous son pied. Puis il se laissa tomber sur une chaise comme anéanti. Il demeura ainsi jusqu'à ce qu'un domestique le vint prévenir que le thé était servi. Quand il redescendit, Maïma n'était pas au salon. Il n'y resta lui-même que fort peu de temps et, la tête en feu, redescendit un instant dans le jardin, après avoir pris congé de ces dames.

La nuit était un peu fraîche, mais très belle. Le ciel semblait une sombre draperie soutenue par des clous de givre, tant était scintillant l'éclat des étoiles. Un croissant de lune semblait vaguer, comme une barque d'or sur une écume de petites nuées. Le souffle tiède de la mer, lointaine encore pourtant, tempérait par instants l'acuité de l'air. Le comte, d'abord pris de frissons, se mit à marcher à l'aventure, un peu vite d'abord, puis plus lentement quand il eut commencé à se réchauffer. Une grande méditation le prit et le plongea dans ce recueillement du silence et de l'ombre qui nous met si bien vis-à-vis de nous-mêmes et donne à nos pensées comme des reliefs vivants, en fait des images sensibles et les fait s'agiter devant notre esprit.

Il se sentait malheureux et trouvait cela injuste, parce qu'il était convaincu qu'il faisait son devoir. Aucun remords ne lui venait d'ailleurs de sa conduite, qu'il jugeait, suivant les idées communes, la plus correcte du monde. Il n'imagina pas un seul instant, qu'il dût peut-être sacrifier tout à cette tendresse révoltée qu'il comprimait dans son cœur et qui le faisait éclater. Se doutait-il que Maïma portât en elle et pour lui une affection pareille, également douloureuse et impatiente de souffrir? Je ne le crois pas; et l'eût-il deviné d'ailleurs, que cela n'eût rien changé à ses résolutions. C'était un homme probe, je l'ai dit, mais de morale étroite et conventionnelle, et qui ne se doutait guère que l'unique loi de l'âme, c'est l'immortelle loi d'aimer. Il était de ceux qui se représentent la vie passionnelle comme une ennemie de la vie vraie et les secrètes tentations de l'amour, même dans ce qu'il a de plus pur, comme des embûches dressées sur notre chemin. J'estime que les sages de la sorte sont des fous et des ingrats qui méconnaissent l'éternelle bonté et blasphèment l'éternel bonheur!

Ils se trompent aussi ceux qui ne veulent pas mêler les choses de la conscience aux choses de l'amour. Je n'en veux pour preuve que le reproche muet, obscur, vague, mais obstiné qui s'élevait du fond mystérieux de l'âme du comte de Prailles. Il ne comprenait pas ce que lui disait cette voix intérieure, mais il en entendait le bruit pareil à celui d'un torrent qui se brise sur des pierres. Ayant quitté une large allée sur laquelle la lune avait étendu comme une nappe de lumière, pour l'aérien festin des farfadets, il s'était enfoncé dans une partie plus boisée du parc. Les massifs noirs qui faisaient, de loin, l'effet de grands bœufs agenouillés dans l'herbe, élevaient une barrière monstrueuse devant son horizon. Plus distinct, l'embroussaillement des buissons traversait le ciel d'arabesques enchevêtrées. Et il lui semblait que sous son crâne aussi tout se troublait, s'obscurcissait et se mêlait, étouffant toute clarté et éparpillant toute lumière. Un bruit léger qui sembla le frôler le fit tressaillir.

Une ombre était devant lui. Un rayon qui passait entre deux branches éclaira son visage et fit reconnaître au comte Maïma très pâle, les cheveux dénoués sur les épaules qu'ils baignaient de leur onde moirée, sans manteau qui l'enveloppât et n'ayant que sa robe aux couleurs voyantes et gaies dont l'humidité de la nuit diamantait les plis, sans qu'elle parût même se douter qu'il faisait froid autour d'elle. M. de Prailles eut comme un sursaut de surprise et de colère :

— Que fais-tu là? lui demanda-t-il d'une voix tremblante dans sa dureté.

Elle lui répondit très simplement.

— Mais, monsieur le comte, probablement ce que vous y faites vous-même! Je cherche le sommeil que vous n'avez, sans doute, pas plus trouvé que moi.

Il resta un instant sans répondre. Puis il reprit :

— Attends-moi ici un instant.

Et il s'en fut à grands pas, dans la direction du château, sans se retourner, comme un homme qui a peur.

Très surprise, elle se dit qu'elle aurait dû lui répondre : non! mais elle se sentait retenue par une force invincible, cruelle et douce à la fois, qui la clouait à cette place et mettait à ses pieds comme d'invisibles entraves. Presque défaillante d'émotion, elle s'appuya contre un arbre dont le feuillage flétri et sec mit, au-dessus de sa tête, un bruissement à peine sensible. Car on sait que les chênes ne dépouillent leurs feuilles de bronze doré qu'à la pousse des feuilles nouvelles, d'un bronze vert et comme veiné d'émeraude. Elle eût rappelé ainsi Velléda au pied de l'arbre prophétique, inutile, mais immortelle prêtresse des cultes abolis. Car il y avait une grandeur réelle et sauvage dans cette figure de femme ayant, elle aussi, une religion profanée au cœur. Ce qui se passait en elle, je ne saurais le dire. Elle-même n'eût pas voulu le savoir. Mais elle tremblait d'émotion et d'angoisse et n'avait pas cependant le courage de fuir ce délicieux supplice.

La silhouette du comte, doublée sur le sable par son ombre qui semblait courir après lui, s'approcha rapidement. C'est comme par un bond qu'il se trouva tout à coup auprès d'elle. Il tenait quelque chose de brillant, à mille facettes entre ses deux mains. C'était de l'or :

— Tiens ! fit-il, en les tendant vers Maïma. Tiens !

Une indignation immense monta au cœur de la jeune fille. D'une main fiévreuse elle prit quelques pièces et les jeta au visage du comte.

Mais celui-ci ne parut pas s'en émouvoir.

— Tu n'as pas compris, fit-il, c'est pour que tu t'en ailles.

Elle le regarda avec un effarement dans les yeux.

— Oui, reprit M. de Prailles, pour que tu t'en ailles pour toujours!

Elle semblait anéantie. Elle dit enfin d'une voix très faible :

— Mais pourquoi voulez-vous que je m'en aille?

J'ai dit que des éclairs de sincérité et de droiture passaient quelquefois dans l'âme de cet homme. Alors sa pensée éclatait comme une trombe qui se précipite :

— Parce que, fit-il, d'un accent indicible, plein de fureur et de tendresse, je ne veux pas t'aimer!

Maïma sentit ses genoux se dérober sous elle. Elle fléchit, prit, malgré lui, la main du comte : et y posant ses lèvres :

— Merci! dit-elle, et adieu!

Et, comme une folle, elle disparut entre les taillis profonds dont un emperlement menu de givre faisait scintiller les cimes.

IV

C'est une année tout entière, si vous le voulez bien, que nous franchirons pour reprendre la suite de ce récit, une année pendant laquelle il nous est impossible de vous donner le moindre renseignement sur notre héroïne. Car Maïma avait disparu la nuit même où elle avait eu avec M. de Prailles l'entretien nocturne que je vous ait dit plus haut. Qu'était-elle devenue? En entrant le lendemain matin dans sa chambre, inquiète que son amie ne fût pas venue l'embrasser encore, Geneviève avait trouvé le lit non foulé, toutes choses en leur place, rien qui décélât le désordre d'un départ, le vide seulement, un vide qui lui mit la mort dans l'âme. Comme les tristesses de Maïma, tristesses que ne soulageait aucune confidence, ne lui avaient pas échappé, elle eut les plus sinistres pressentiments. Elle courut à la pièce d'eau, affolée de crainte. Le

petit lac était très calme et les grands yeux
jaunes des nénuphars la regardèrent de l'air
le plus rassuré du monde. Alors elle explora
le jardin dans tous les sens, le peu de profondeur de la nappe d'eau ayant permis à son regard de la sonder dans toute son étendue. Les
premiers rayons du soleil encore pâle mettaient
une buée à l'écorce luisante des arbres. Sans
feuillage, ceux-ci se laissaient fouiller aisément et quand M{i\text{lle}}$ de Mont-Renaud rentra
au château, elle était certaine que si quelque
malheur était arrivé, c'était ailleurs et plus
loin. Sa mère ne partagea pas les mêmes angoisses. L'esprit des femmes est sujet à de su-
bits revirements et l'esprit des vieilles femmes
surtout. Je vous ai dit l'affectation humanitaire
et philosophique que mettait cette excellente
personne à traiter Maïma comme l'égale de sa
fille. Mais il y avait plus d'ostentation que de
réalité dans ce sentiment. Elle ne fit aucune
difficulté pour s'avouer qu'elle s'était probablement trompée sur le caractère de sa pro-
tégée, et, comme elle avait appartenu à un
monde où les jeunes filles se faisaient plus

volontiers enlever qu'elles ne se suicidaient, elle eut tout de suite la pensée que la créole avait fui avec quelque galant. M. le curé fut absolument de son opinion. N'était-ce pas une belle leçon pour les rêveurs qui s'imaginent que l'égalité doit fleurir sur le monde, tandis que cette glorieuse plante ne se doit épanouir que dans le royaume des cieux? Mᵐᵉ de Mont-Renaud fit une façon de *meâ culpâ*, tout en éprouvant elle-même un réel chagrin de la disparition d'une enfant pour qui elle avait longtemps senti une vraie tendresse. Geneviève, elle, était absolument désespérée. Si elle eût été le moins du monde observatrice, elle eût vu M. de Prailles visiblement gêné quand on revenait sur ce sujet. Lui ne savait que penser. Une fois cependant, un sentiment de générosité instinctif lui fit défendre la pauvre fille contre les hypothèse désobligeantes de Mᵐᵉ de Mont-Renaud et de M. le curé. Il y eut un singulier accent de révolte dans sa voix, mais personne n'y prit garde.

On avait été de tous côtés aux renseignements. Une jeune personne dont le signalement répondait à celui de Maïma avait été vue à Nantes. Mais elle y avait séjourné une demi-journée à peine et l'opinion de la police était qu'elle avait dû s'embarquer pour la mer. Au port le plus voisin il fut impossible d'en avoir aucune nouvelle. Plusieurs départs avaient eu lieu pour des directions différentes. On ne s'obstina pas outre mesure à la recherche de Maïma. Son ancienne protectrice résuma son impression en la qualifiant d'ingrate et en lui souhaitant toutes sortes de malheurs.

Le mariage de M. de Prailles et de Geneviève avait été retardé, non pas seulement par cet événement qui avait rendu Mlle de Mont-Renaud fort triste pendant longtemps et incapable de penser à autre chose qu'à sa chère absente, mais par un accident, heureux en apparence, dans la vie de son fiancé ; le comte Maxime avait hérité inopinément d'une assez belle fortune d'un vieux cousin qu'il n'avait jamais vu. La pensée que cela le dispensât de tenir sa parole vis-à-vis de Mlle de Mont-Renaud ne lui vint pas un seul instant. Le mariage lui était devenu inutile, soit ! Mais il était galant homme avant tout. S'il avait lu lui-même au fond de son cœur, ce livre que les meilleurs d'entre nous tiennent si volontiers fermé, il y eût trouvé cependant mille aspirations confuses vers la liberté et vers l'amour, vers une existence meilleure, et il y eût rencontré aussi l'image de Maïma, la douce et mélancolique vision de celle dont il avait déchiré le cœur et qui, plus vraiment sage que lui, lui avait dit : merci ! Tout en se dérobant à cette poursuite du souvenir, tout en fuyant ce cher fantôme qui, dans la nuit du rêve, lui tendait encore les bras, M. de Prailles sentait moins d'empressement vers l'union à laquelle il était demeuré cependant loyalement décidé. Ainsi la mémoire de Maïma était, pour ainsi dire, dressée entre les deux fiancés, vivace et volontairement évoquée par le cœur fidèle de Geneviève, confuse et volontairement voilée dans celui de Maxime. Voilà pourquoi leur mariage n'avait pas eu lieu au printemps, comme ils l'avaient projeté d'abord, mais été remis à la fin de l'automne où il se fit dans la pompe mélancolique des paysages enrouillés et de ces pourpres qu'octobre couche, par lambeaux, sur la cime des forêts et qui semblent comme la brûlure des derniers baisers du soleil.

S'aimaient-ils, ces deux imprudents qui entraient dans une vie nouvelle, la main dans la main, sans être bien sûrs qu'elles ne pèseraient jamais l'une à l'autre? Geneviève avait pour son mari une tendresse qui, au point de vue passionnel, ne dépassait pas les limites d'une reconnaissante sympathie; quant à Maxime, son affection pour sa femme aurait pu se définir une estime pleine de bonne volonté. Geneviève, vous en avez pu juger, avait le caractère le plus accommodant et le plus tendre, une nature exquise vraiment. J'ai dit qu'elle était jolie à ravir, avec un front pur, nimbé d'or clair comme celui d'une madone, et de beaux yeux bleus constellés d'humides petites étoiles. M. de Prailles avait donc pu penser, avec raison et vraisemblance, que le temps l'attacherait à cette créature charmante de tous points. Mais le temps est parfois l'ouvrier paresseux qui passe, sa faux sur l'épaule, en regardant le

2.

ciel. La vérité est que le calme attendu ne descendait pas dans son âme et qu'une place demeurait vide dans son cœur, la plus large, et défendue comme un paradis fermé par l'ange du souvenir.

C'est alors que l'ancien projet du grand voyage médité durant les fiançailles, lui revint à l'esprit. Geneviève, qui faisait agréablement le pastel, désirait vivement voir les musées d'Italie, et Mme de Mont-Renaud bondit de joie à la pensée que, reçue en audience particulière par Sa Sainteté le pape, grâce à ses hautes relations, elle pourrait tenter avec lui, un accord entre la religion et la philosophie moderne qui lui semblait absolument nécessaire depuis la désillusion que lui avait causée l'ingratitude de Maïma. Car l'excellente dame avait mis de l'eau dans son vin encyclopédique et admettait que la foi pouvait avoir du bon pour les sauvages et pour les petites gens qui ne sont pas grands clercs aux choses de la métaphysique. M. de Prailles, pensait, lui, qu'une distraction puissante lui viendrait dans l'esprit, de la contemplation des chefs-d'œuvre consacrés. On se mit donc en route, et, la France traversée de coche en coche, au grand bruit des grelots secoués sous le vol circulaire des fouets, dans un petit nuage de poussière montant du sillage des roues, les Alpes franchies à dos de mulets et semblant monter jusqu'au soleil, le scintillement neigeux de leurs têtes blanches, on visita tour à tour Florence, Milan, Rome, où le pape, avec une bienveillance ironique, écouta sans sourciller le discours de la mère de Geneviève et où l'âme de Maxime but, comme dans une coupe amère, un trouble nouveau à la contemplation des chefs-d'œuvre tourmentés de Michel-Ange, le peintre des damnés. On termina par Venise.

La ville des doges n'était pas encore la mélancolique cité d'aujourd'hui, qui semble bâtie sur un archipel posé sur le Léthé, squelette de ville que n'anime pas l'âme des fêtes somptueuses et où s'est tue la musique des chansons. Mais, comme maintenant, Venise n'était un séjour possible que pour de vrais amoureux, parce que tout y était alors amour, comme tout y est encore souvenir d'amour. Tout est ironie dans la voix nocturne des gondoliers, dans le bruit de l'eau pailletée d'étoiles et pleurant sous la lame, dans le ciel d'un bleu sombre découpé par les silhouettes grandioses des palais, dans l'air tiède roulant le parfum alangui des verveines, pour qui ne porte en soi le trésor mystérieux des joies et des douleurs profondes dont tout cela n'est que le magnifique et décevant décor. La solitude s'y fait plus grande et le silence plus effrayant dans le cœur d'où ne monte, comme d'un jardin dévasté, aucune floraison de tendresse. Ainsi le printemps n'a que des gloires amères dans les pays stériles et les terres dont la sève est tarie. Cependant M. de Prailles aimait tout mieux que de retourner au château de Mont-Renaud et de revoir la Bretagne. Il accueillit donc avec enthousiasme la proposition que lui fit un armateur vénitien, qui avait autrefois rencontré sur la mer, le père de Mlle Geneviève, de l'emmener avec sa femme et sa belle-mère, dans un voyage méditerranéen, voyage de plaisance, auquel les plus nobles dames de la ville et les porteurs des plus beaux noms de l'ancienne République étaient conviés. Geneviève avait pris goût à cette vie aventureuse où l'oisiveté inconsciente de son cœur trouvait un dérivatif, et Mme de Mont-Renaud estima qu'il était temps d'aller prêcher aux infidèles la nouvelle croisade de la libre pensée, par des moyens moins violents que ceux expérimentés par saint Louis. Il était convenu, en effet, qu'on irait jusqu'à Constantinople. L'embarquement se fit avec une somptuosité sans pareille et ce fut, dans une clameur de fanfares et de salutations populaires que le magnifique vaisseau, tout orné de fleurs et de riches draperies, commença de déchirer le manteau d'azur de l'Adriatique, laissant derrière lui s'ouvrir, comme la queue fourchue d'une hirondelle, un double sillon d'argent.

V

La mer est mauvaise conseillère aux cœurs qui se veulent défendre contre un amour désespéré. Maxime l'éprouva durant sa longue traversée, et, dans le grand bercement du flot qui, tour à tour, mord et caresse sa carène, il sentit sa blessure se rouvrir et se faire plus profonde. Il était comme hanté et fuyait vainement sa propre pensée. Dans le rythme lent de la vague, c'est la voix de Maïma qui lui parlait et qui se plaignait à lui; cette voix d'une musique étrange et que son oreille n'avait pu oublier. Quand les grandes ombres du soir descendaient sur le dos moutonnant de la mer, c'était la chevelure noire de Maïma qui lentement se dénouait sur ses épaules et telle qu'il l'avait vue, dans ce soir de leur tragique adieu. Quand les remous profonds de l'eau se creusaient devant sa proue, il en montait, comme un regard venant des abîmes, le regard de Maïma plein de reproches et gonflé de larmes. L'implacable vision était partout, et quelquefois resté seul sur le pont, après le coucher de l'équipage, il lui semblait voir s'élever du gouffre endormi, l'image de Maïma, une image blanche avec une tache rouge au cœur, pieds nus sur le flot qui les baisait et tenant en ses mains lassées de grands lis qui fleurissaient dans les étoiles. Et son visage était éclairé d'un triste sourire, son beau visage brun aux pâleurs argentées. Chose étrange ! A mesure que le vaisseau avançait sur son chemin et que la route à venir était plus courte, l'intensité de cette apparition persécutrice grandissait, et Maïma devenait de plus en plus présente à ses yeux comme s'il se fût rapproché d'elle.

Voilà ce que fut la traversée pour M. de Prailles. Pour Mme de Mont-Renaud elle fut l'occasion d'un bel accès de lyrisme et Geneviève en passa le temps à crayonner de petites silhouettes marines sur un album. Ce n'était décidément pas une personne difficile à amuser.

Huit jours étaient déjà passés à Constantinople et il était question de départ quand une proposition, tentante vraiment, fut faite à Mme de Mont-Renaud et à sa fille. Le patron du bâtiment était fort lié avec un des plus riches musulmans de la ville et qui possédait le plus magnifique harem. Ce genre de musée n'est, bien entendu, visible que pour les dames, encore trouvent-elles rarement l'occasion d'y pénétrer. L'idée n'en fut pas plutôt venue à Mme de Mont-Renaud qu'elle s'y attacha avec une opiniâtreté extraordinaire. Elle serait heureuse de dire quelques paroles fortifiantes et libératrices à ces malheureuses créatures courbées sous les iniquités de l'esclavage, et cela dans une langue que leurs gardiens ne comprendraient pas plus qu'elle-même, ce qui lui permettrait de dire tout ce qu'elle voudrait sans être interrompue. L'autorisation fut accordée. Ali-Gazir, le mahométan opulent, était un fort brave homme de Turc, très fier de la bonne tenue de son sérail et qui avait l'ostentation de ses vivantes richesses. Ce fut une grave question de savoir si Geneviève accompagnerait sa mère. Elle le désirait vivement et avec une curiosité folle. M. de Prailles consulté, n'y fit aucune opposition et répondit sur le ton de la plus parfaite indifférence. Une femme mariée pouvait se permettre bien des choses interdites à une jeune fille. On convint pour le lendemain et on fut fidèle au rendez-vous, Ali-Gazir eut le tact de tenir compagnie à M. de Prailles pendant que ces dames fesaient leur visite et chargea un homme de confiance de les guider dans cette pérégrination à travers un des spectacles les plus caractérisques de la vie orientale.

N'étant pas tenus aux mêmes réserves que Maxime et n'ayant pas d'ailleurs l'aimable Ali-Gazir pour nous offrir de merveilleuses pipes à fumer dans l'ambre clair, moelleusement étendus sur des coussins aux broderies superbes, mais égratignantes, nous suivrons, si vous le voulez bien, Mme de Mont-Renaud et sa fille dans leur promenade par le gynécée, sans en décrire pour cela les pittoresques détails, puisque ces pages volantes ne sont pour les amateurs de géographie, non plus que pour ceux d'histoire, mais pour les bonnes gens qui s'amusent encore aux contes d'amour.

Nous voici dans la grande salle aux dalles multicolores dont l'eau claire d'une piscine réfléchit les marbres roses, blancs ou veinés, plongeant à pic dans la profondeur transparente. Tout autour les femmes d'Ali-Gazir sont groupées dans les poses nonchalantes qui succèdent à la toilette, celles-ci tordant une magnifique chevelure d'où ruissellent des perles, celles-là tendant aux rayons du soleil, qui tombent du haut vitrage, leurs épaules humides encore et luisantes de parfums. Ce n'est pas de celles-là que Charles Beaudelaire eût dit :

Comme un bétail pensif sur le sable couchées...

Aucun rêve n'habite ces beaux fronts polis et la neige de ces belles poitrines semble y avoir glacé la fleur rouge du cœur. Dans d'apathiques postures, sans une révolte dans la limpidité résignée de leurs regards, elles écoutent des musiciennes qui râclent des façons de guzlas et éraillent de leur pouce retourné des peaux tendues au col sonore de cruches bariolées, tout en chantant une de ces mélopées vagues qui semblent un vagissement. Dans un autre coin, une sorte de bohémienne, une gitana, danse dans un cercle tracé par douze couteaux dont ses pieds effleurent les lames sans s'y couper jamais. Dans un brouhaha de sequins qui sonnent à son cou, à ses bras, à ses jambes également ornées de larges anneaux, elle tourne, tordant son torse où passent des reflets de bronze que la rapidité de ses mouvements transforme en serpents de lumière sombre; et ses mains volent au-dessus de sa tête comme des chauves-souris captives au bout d'une double corde, et quand elle montre son visage, la blancheur de ses dents met comme un éclair sauvage dans un nuage échevelé et vivant qui semble secouer des étincelles et fouetté par un vent furieux.

Mᵐᵉ de Mont-Renaud et Geneviève contemplaient cette orientale pyrrhique, debout, en dehors du circuit formé autour de la danseuse par les autres spectatrices accroupies et étendues sur des coussins pour regarder la bohémienne avec moins de fatigue. L'une de ces dernières se présentait de dos et était sensiblement plus vêtue que ses compagnes, d'une étoffe de soie à demi-transparente et que brodaient des étoiles d'or; ses reins étaient enveloppés ainsi que le haut de ses jambes et ses épaules émergeaient, d'adorables épaules d'un dessin plein de finesse, d'une tonalité de cuivre superbe et mate où couraient sous la peau les chaleurs vibrantes du sang et de la jeunesse. Le cou en jaillissait avec je ne sais quoi de fier et d'impérieux, et, de sa nuque aux reflets d'ambre mêlés de reflets d'azur, se retroussait, comme le casque d'une Minerve, une chevelure noire qui, lourde, s'ammoncelait sur la tête en torsades épaisses.

La gitana pirouettait une dernière fois avec des cris de mouette glapissants et sinistres.

La femme aux magnifiques épaules se leva lentement et brusquement se retourna, comme lassée de cet insipide plaisir.

Geneviève poussa un cri et Mme de Mont-Renaud faillit tomber en reculant.

C'était Maïma!

Geneviève, retenue par sa mère, tendait les bras vers elle avec des baisers pleins la bouche. Les yeux de Maïma s'éclairèrent d'un feu sombre, et c'est avec un indicible accent de haine dont sa voix était étouffée qu'elle cria, les poings crispés, à son ancienne amie :

— Maudite, sois-tu, toi qui viens me braver encore ici!

Et, d'un mouvement plus rapide que la pensée, sans que personne pût la retenir, elle se baissa, ramassa à terre un des poignards qui avaient servi aux jeux de la bohémienne, et, d'un seul coup, se l'enfonça dans le cœur.

Mᵐᵉ de Mont-Renaud pressa sur sa poitrine Geneviève évanouie et dont la toilette blanche était semée de gouttes de sang...

Un instant après, un muet entrait dans l'appartement où Ali-Gazir et M. de Prailles causaient amicalement dans un nuage odorant de fumée bleue, et apprenait à son maître qu'on venait d'apporter dans la pièce voisine le cadavre d'une de ses femmes qui s'était tuée.

— Voulez-vous la venir voir avec moi? dit-il à Maxime, en haussant légèrement les épaules.

Avec une curiosité que tempérait une certaine horreur, M. de Prailles accompagna son hôte. Il revit ainsi Maïma couchée dans la mort et plus belle que jamais, avec un sourire de vierge sur ses lèvres déjà décolorées. Tandis qu'il portait vivement ses mains à ses yeux, le cœur écrasé dans sa poitrine haletante, Ali-Gazir ajouta, en forme d'oraison funèbre : —

Aussi bien l'aurais-je fait jeter au Bosphore une de ces nuits, car j'étais las de ses refus. Ce n'est pas ici un couvent de demoiselles.

Et, pendant ce temps, de la grande pièce où bavardaient les femmes sur ce mystérieux événement, une voix montait, celle de l'une d'elles à qui Maïma avait appris sa chanson favorite. Et cette voix disait :

>Sur le flot par le vent poussée,
>Fleur, par le vent, prise au buisson,
>La mer bien longtemps m'a bercée.
>Et je sais encor sa chanson.
>
>La chanson que le matin chante,
>Et que la nuit apprend au jour,
>La chanson plaintive et touchante,
>L'éternelle chanson d'amour.

L'ABBÉ D'ARTHÈS

A Georges de Peyrebrune.

Dans un cadre de bois doré, d'un travail exquis, une miniature du temps; elle représentait un prêtre au visage singulièrement amer, aux traits pleins de finesse, au regard mélancolique avec je ne sais quoi d'amer et de doux tout ensemble dans le sourire. L'aristocratie de race se lisait sur cette figure et aussi je ne sais quelle désillusion profonde, le sceau de fatalité qui s'attache à certains êtres et les marque au front. J'avais détaché de la muraille cette jolie peinture et je contemplais, avec de grandes sympathies dans l'âme, cette touchante et étrange physionomie.

— Vous regardez le portrait de mon grand-oncle d'Arthès? me dit, en entrant dans la chambre où il me donnait l'hospitalité, durant quelques jours de vacances, mon ami Jean de Trécy.

— Qui était votre oncle d'Arthès? lui demandai-je tout à l'impatience de connaître l'original de cette attachante image.

— Un Français qui, à fort peu près, a servi contre la France, me répondit-il tristement.

— Et vous gardez cela comme une relique?

— Si vous saviez l'histoire de cet homme, vous oublieriez bien vite ce que je viens de vous dire de lui. Les martyrs ont droit à tous les pardons.

J'écoutais avec étonnement, sachant le patriotisme ardent de mon ami qui avait été deux fois blessé à la dernière guerre. Avec plus d'étonnement encore, je regardais ce portrait, ne pouvant m'habituer à croire que ce fût celui d'un traître.

— Mon cher Jean, me conteriez-vous son histoire si je vous le demandais?

— Pourquoi pas? fit-il, bien que nous aimions

peu à parler de cela dans notre famille. Mais c'est un si frappant et si tragique chapitre de psychologie, que je veux éveiller en vous, mon plus intime ami, tous les doutes et toutes les révoltes, toutes les hésitations et tous les enthousiasmes qu'il soulève dans ma propre âme. Oui, je vous dirai cette sombre aventure d'un homme né certainement pour l'exercice des plus nobles et des plus délicates vertus. J'y trouve cette inexorabilité du destin qui fait la grandeur immortelle du théâtre antique et l'affirmation de cette grande loi des fatalités qui, quoi qu'on en dise, régit le monde.

Et, s'asseyant auprès de la table où j'avais moi-même posé la miniature pour la contempler à mon aise, Jean de Trécy roula entre ses doigts une cigarette et commença comme il suit le récit dont je garderai certainement le souvenir.

I

Je n'ai pas à vous apprendre que mon grand-oncle appartenait à l'Église; vous le voyez au costume que le peintre a fidèlement retracé. Il y était entré par une vocation tout à fait énergique et sincère. De sang espagnol par sa mère, il avait été élevé dans de grands principes de dévotion; mais la nature même de son esprit ne le poussait nullement au fanatisme. Vous voyez qu'il avait en lui de quoi faire un excellent pasteur d'âmes. Une grande mansuétude avec cela dans toute sa personne, une onction qui n'avait rien d'affecté, une voix pénétrante et douce, l'accent vibrant et convaincu que donne seule la véritable foi. Son père étant mort très jeune, il avait été élevé par sa mère, qui était une femme de mérite, d'une piété absolue, et qui l'avait vu, sans grand chagrin, embrasser une carrière dont le sommet lui semblait l'éternel salut. Les études qu'il fit au séminaire furent les plus remarquables du monde. Il était alors tout aux travaux de son saint état, tout à la pureté des doctrines, et l'âme passionnée qui sommeillait en lui n'avait d'extases que pour les joies sacrées de l'infini. Il était, comme on dit, l'édification de ses jeunes confrères et l'admiration de ses maîtres. J'hésite à vous dire qu'il était bien apparenté, puisque nous sommes du même sang, mais je dois vous apprendre tout de suite qu'il n'avait que fort peu de fortune. Ce fut la raison pour laquelle il accepta, en quittant la maison où il avait appris les devoirs du sacerdoce, une simple cure dans les environs de Paris, à Soisy-sous-Étioles, sur les bords de la Seine, dans un paysage très riant, fait de hauts marronniers et de tilleuls en avenues.

Il fut tout de suite adoré de ses ouailles. Les vieillards et les enfants avaient pour lui le même sourire de bénédiction naïve, quand ils le rencontraient sur les chemins où il fréquentait toutes les misères et relevait tous les courages comme il convient à un homme de Dieu. Le dimanche était une grande fête pour tout le monde parce qu'il en dirigeait les cérémonies avec une pompe modeste, mais pleine de goût et ne quittait pas, entre les offices, la grande place où tous le venaient connaître et prenaient plaisir à ses bienveillantes causeries. Sans ambition d'aucune sorte, il se trouvait ainsi parfaitement heureux parce qu'il savait qu'il mettait du bonheur autour de lui. Rien de plus calme que sa vie, et je sais qu'il répétait souvent par la suite qu'il aurait voulu en finir là.

Il eût bien fait.

Comment un orage s'éleva-t-il soudain dans ce ciel si pur, dans ce cœur de prêtre fait à l'image du firmament que traverse seul le vol des dernières étoiles remontant dans les candeurs de l'aube? Je ne me chargerais pas de vous le dire et nul ne l'aurait jamais su si M. d'Arthès ou, si vous l'aimez mieux, l'abbé d'Arthès n'avait laissé une sorte de confession que mon père retrouva un jour dans nos papiers de famille et qui, en quelques pages, retrace les péripéties de la lutte où il succomba, péripéties rapides et rappelées d'un style nerveux, concis, plein de larmes, et comme secoué de repentir. Peut-être devrai-je garder le secret pour les miens et pour moi? Mais non; ces pages navrées, il les avait écrites pour que quelqu'un les lût sans doute un jour, prît pitié et priât pour lui!

Comment Elle, — nous la nommerons seulement Elle, n'est-ce pas? car le secret d'une autre famille est lié au nôtre, et celui-là je n'ai pas le droit de vous le livrer, — comment Elle entra dans sa vie? Par un chemin vraiment avouable et qui laisse intacte, pour l'un et pour l'autre, la double dignité de leurs cœurs. Donc, Elle était venue à lui dans un grand moment de détresse morale, et lui, tout d'abord, n'avait eu d'autre pensée que de soulager une réelle misère. Elle avait été ouvrir son cœur au prêtre, et le prêtre avait tendu vers Elle ses mains pleines de consolations. J'ai vu son portrait aussi, à Elle; je l'ai vu chez des gens qui ne se doutaient guère du drame dont il réveillait en moi le souvenir. Ce portrait, cette image d'un charme indicible eussent mieux justifié la faiblesse de mon grand-oncle que tout ce que je pourrais vous dire. Sachez qu'Elle était brune, avec des cheveux aux reflets de lapis sombre, un profil plein de fierté, des yeux dominateurs et attirants tout ensemble. Une grâce pleine d'orgueil et pourtant aussi de tendresse, était le caractère dominant de cette physionomie, mystérieuse comme celle de la Joconde, figure de sphinx pleine de terribles interrogations. Pourquoi, mon ami, vous la décrirai-je davantage? Vous savez, n'est-ce pas, que rien ne prévaut contre le pouvoir d'une femme qui surgit sur votre route avec le trésor de toutes vos joies et de toutes vos souffrances dans un pli de sa robe, devant qui vos genoux ploient sitôt que vous l'avez aperçue, qui devient pour vous la fatalité vivante, comme la roue symbolique qui emporte les Ixions enchaînés du gouffre de l'enfer aux extases lumineuses du zénith. Le pauvre abbé décrivit vraiment, en termes très émus et très touchants, ce premier choc qui devait briser son cœur comme un verre d'où déborderait, ainsi que le sang d'un Dieu, du sacré calice, le vin céleste de ses anciennes puretés. Le calice fut vidé d'un trait, mais longtemps sa main l'avait repoussé. Et pourtant il se sentait vaincu par avance, comme le sont ceux qui ont vraiment aimé et qui n'ont que faire de se défendre, car ni Dieu ni diable ne les en peut sauver.

Cette tragique histoire d'un cœur trahissant sa foi et son Dieu prit, entre eux, la forme d'une idylle. Elle se noua dans le tranquille jardin du presbytère, où Elle venait écouter sa douce parole, en frôlant du bas de sa robe la tige des roses trémières qui vibraient ensuite dans une pamoison de fleurs grand ouvertes. C'était un grand parfum de violettes d'automne autour d'eux. Car c'est en cette saison, la plus douce pour les amours, parce qu'elle est faite de craintes douces à partager et de cet adieu de toutes les choses qui serre nos cœurs plus étroitement les uns contre les autres, c'est en octobre qu'ils s'étaient rencontrés. Elle sortait de l'église, où elle avait prié, et lui se détournait plusieurs fois malgré lui, sur les marches sacrées pour la voir disparaître comme le fantôme des joies interdites et des bonheurs défendus.

Elle était malheureuse, vous ai-je dit, mariée à un homme indigne qui avait fui la maison conjugale pour courir les aventures. Où était-il ? Elle n'en savait vraiment rien et ne voulait plus le savoir depuis que l'abbé d'Arthès était venu à elle, chassant, comme dans un brouillard matinal que le vent emporte, le spectre de ses douleurs consolées. Car, Elle aussi, en le voyant pour la première fois, avait ressenti le grand trouble qui est comme le prélude des passions irrémissibles et vivaces, angoisse et délice à la fois, inquiétude charmante et cruelle, abandon sacrilège de tout ce qui fut pour tout ce qui sera, quel qu'il soit. Je sais que, comme moi, mon ami, vous croyez à ces rencontres, qui sont comme le point de croisement de deux destinées qu'une invincible force attirait l'une vers l'autre. Vous me pardonnerez toute cette métaphysique, parce qu'il faut bien excuser la faute de mon grand-oncle par l'exposé des tentations invincibles et des fatalités inexorables contre lesquelles il se défendit vainement, mais vaillamment, comme un bon prêtre qu'il était. Pourquoi Dieu, aussi, soumet-il ses saints à de telles épreuves? Il devrait, au moins, alors attendre qu'ils fussent des saints.

Ah! ces pages de la confession du malheureux prêtre! Que ne puis-je en faire revivre devant vous la sincérité poignante et les désespoirs virils! Aucune lecture ne m'a impressionné davantage. Il disait tout, l'heure où il avait succombé, cette heure du soir pleine de la perfidie des ombres descendues du ciel et des parfums grisants qui montent de la terre, cette heure d'ivresse et d'oubli où l'infini s'était enfermé pour eux, dont chaque minute avait été une goutte de sang tombant de leur cœur. Quelques mots seulement dans ce récit d'une candeur superbe, mais où l'on sentait que le souvenir revivant étouffait jusqu'à la voix du remords. Pourquoi de telles joies ne peuvent-elles être simplement rêvées, et pourquoi, une fois connues, demeurent-elles comme une éternelle damnation?

Je saute au bout de ce roman d'amour, qui devait finir le plus tristement du monde. Un jour, elle sentit dans ses flancs un tressaillement qui l'emplit à la fois de terreur et d'une mystérieuse joie. Et lui? Lui en accueillit la nouvelle avec une honte bien vite vaincue par un indicible bonheur. Car dans cet amant, comme vous le verrez par la suite, il y avait surtout et avant tout un père, l'auguste conscience du grand devoir qui fait les races et que l'homme ne saurait abjurer sans déchoir. Oui, il fut joyeux, joyeux comme un fou, comme un enfant lui-même ! Elle irait cacher, dans quelque campagne lointaine et sûre, son bienheureux déshonneur et sa famille s'était, dans son malheur, si peu occupée d'Elle, qu'on pouvait bien espérer qu'elle ne choisirait pas ce moment pour s'en souvenir. Ainsi se passèrent très doucement les premiers mois de sa grossesse, dans des méditations charmantes et dans un grand épanouissement de rêves et de projets. Autour du berceau dont on brode les rideaux, c'est toujours le même langage caressant comme un bruit de baisers : l'enfant serait très beau et très intelligent; ce serait un garçon certainement, qui ressemblerait à la fois à son père et à sa mère; enfin, il s'appellerait Michel, parce que c'était la fête de ce saint, le soir qui leur parut si doux, à tous deux, sous le regard plein d'absolutions des étoiles!

L'hiver se passa de la sorte, lui trop heureux pour s'avouer un remords, Elle sans songer un instant quels périls cette situation créait autour d'elle. C'était un Léthé qu'ils buvaient tous deux au même verre, en y mêlant leurs lèvres, un Léthé plein d'ineffables oublis. Mais bientôt son état, à Elle, ne se pouvait plus longtemps dissimuler; Elle dut préparer sa fuite et l'heure des séparations sonna pour eux dans un rappel aux rigueurs inexorables de la vie. Ce fut un moment plein de tristesse et cependant, comme l'a dit un poète, fleuri d'espérance. On était en avril : se quitter au plus beau temps de l'année, quand toutes les fleurs semblent comme des encensoirs balancés par de tièdes souffles devant le chemin des bien-aimés! Quand tout est réveil des caresses, dans le bois où les oiseaux chantent, au bord des rivières où le ciel descend, le ciel d'azur que l'eau reflète et ride d'imperceptibles palmes d'argent! Quand l'éternelle voix des choses crie à l'être périssable qu'il faut aimer encore avant de ne plus aimer jamais! Ce fut un instant cruel, mais dont une inébranlable confiance dans l'avenir adoucit l'amertume. N'étaient-ils pas sûrs de l'avenir, puisqu'ils étaient sûrs l'un de l'autre? Un mensonge auquel nous nous prenons souvent! Nos rêves sont comme des flocons de neige ou de plume qu'écrase, en se jouant, le poids insensible des réalités.

Elle se retira dans un petit coin de Bourgogne où sa nourrice avait un peu de bien. Au temps de Sophocle lui-même, les nourrices étaient déjà les confidentes naturelles. Celle-ci fut heureuse de se dévouer à l'enfant qui avait longtemps joué sur son sein. Tout allait donc bien de ce côté, et l'abbé recevait d'excellentes nouvelles, ce qui lui permettait encore de ne pas trop songer au grand péché qu'il avait cependant commis. Par un beau dimanche de juillet, comme il sortait de chanter les vêpres et que l'enfant de chœur marchait devant lui encore dans sa chemisette blanche, le facteur lui remit une lettre qu'il ouvrit en atteignant la sacristie et qui faillit le faire évanouir. Quelle nouvelle heureuse entre toutes! Michel était né!

Ce fut une révolution dans son esprit. Pouvait-il demeurer prêtre encore? Tous les devoirs qu'il avait si longtemps et sans une seule défaillance remplis, lui apparurent soudain comme artificiels et sans portée morale devant celui qui lui incombait par un crime. Il allait enfin façonner vraiment un être à l'image de Dieu, cultiver une âme comme une fleur, s'anéantir dans un continuel sacrifice, vivre deux fois, en lui-même et en un autre fait de sa chair! La vérité lui apparut dans cette gloire de la paternité dont il sentait son cœur gonflé. Il se crut vraiment absous de sa faute par une clémence de Dieu plus grande que celle qu'il eût conçue jamais. Quelques jours se passèrent dans cette fièvre d'orgueil paternel, dans cet hosanna intérieur vers le Créateur de tout ce qui souffre ici-bas! Certes, il jetterait au vent cette soutane pour sentir, de plus près, sur sa poitrine, les baisers de son enfant! Une immense miséricorde lui semblait présider aux destinées. Il était presque fier d'avoir failli.

Quel réveil! Le dimanche qui suivit, comme

il se rendait à l'église pour dire la première messe, une nouvelle missive lui arriva, écrite d'une main qu'il ne connaissait pas. Il crut qu'il devenait fou en lisant. Sa famille, à Elle, avait découvert sa retraite; son indigne mari, prévenu, était arrivé pour la surprendre. Elle n'avait pu supporter cette honte de le revoir et s'était brisé la tête sur le pavé en sautant par la fenêtre. La nourrice avait pu sauver l'enfant et il saurait où était Michel. C'était tout.

Je vous dis qu'il fut anéanti. Ses jambes se dérobaient sous lui. Cependant la messe sonnait toujours dans les clartés transparentes de l'aube; elle sonnait joyeusement avec un carillon qui se mêlait au chant réveillé des oiseaux. Toutes les bonnes gens entraient par le porche grand ouvert et l'église était déjà pleine. L'enfant de chœur le tira par sa soutane et il se remit à marcher machinalement, comme un automate. Il passa ses vêtements sacerdotaux sans même s'en apercevoir. Il s'en fut à l'autel dont les marches ne l'arrêtèrent pas. La clochette tintait ferme. Il bourdonna les prières accoutumées sans y rien comprendre; c'était comme un relent de latin qui montait à sa gorge sèche. A l'élévation seulement, quand ses genoux touchèrent la terre, il eut comme un sursaut de réalité qui lui mit au cœur toutes les supplications du désespoir et, les yeux débordants de larmes, il murmura, pendant que la clochette tintait toujours, penchant tous les fronts sous une adoration muette : « Seigneur ! Seigneur, ayez pitié de moi ! »

II

Il resterait prêtre. Que ferait-il d'ailleurs ? Quelle serait la vie de cet enfant, si on le savait fils d'un défroqué ? Il fallait veiller sur lui, l'aimer, ne vivre que pour lui, mais cacher à tous sa naissance. Il fallait que le monde tout entier ignorât sa faute à lui. Et le moyen que le monde l'ignorât s'il ne demeurait dans les ordres ? Mais il quitterait Soisy et sa petite église. Ce fut un grand deuil pour ses paroissiens, quand il leur apprit qu'une faveur de l'archevêque le pourvoyait d'un poste dans une cure de Paris. Quel déchirement ce fut, à lui-même, de quitter ce jardin où Dieu lui avait donné quelques mois de jeunesse, ce paradis dont un ange, le souvenir de l'aimée, garderait la porte désormais! Comme Jocelyn, il baisa jusqu'aux mousses des allées, jusqu'aux brins d'herbe, jusqu'aux feuillages qu'il ne reverrait plus, et il emporta dans son sein un peu de cette terre qui avait fleuri autour de son rapide bonheur. C'est à Saint-Roch qu'il avait été attaché, et bientôt il y trouva, aussi bien chez ses confrères que chez les fidèles, cette sympathie qu'attirait sa personne et le respect qu'il imposait, quoique indigne, et dont il souffrait quelquefois. Une vie de travail commença pour lui : il écrivit de belles pages théologiques, qui furent très remarquées en Sorbonne. Comme toutes les natures fières et vaillantes qu'un grand coup a frappées, il cherchait dans de hautes pensées la consolation et l'oubli de la terre. Il eut vite, dans le clergé, une renommée de science et de talent dont il jouissait d'ailleurs fort peu. Il avait refusé de prêcher il se défiait des entraînements de sa propre parole et craignait de s'attendrir. Un prêtre n'a le droit de pleurer que sur l'inutile mort du Christ.

Et Michel? Michel avait grandi pendant la période de la vie de son père que j'expose à grands traits, période aride en événements nouveaux, pareille à ces coulées d'eau calme qui séparent les chutes d'eau et les colères des torrents. La nourrice était venue à Paris, et l'abbé d'Arthès l'avait installée dans une petite rue, pas bien loin de sa propre demeure ; tous les jours il allait voir l'enfant qui passait dans le quartier pour un orphelin dont sa charité s'occupait. Il avait encore honte de cette opinion trop flatteuse qu'on avait de lui. Tout hommage lui était une humiliation nouvelle. Comme les sentiments se retournent quelquefois, dans notre cœur, contre nous-mêmes, pareils à des flèches qui nous crèveraient l'épaule de leurs pointes à travers leur carquois brisé ! Quand Michel eut dix ans, — l'abbé était alors en pleine célébrité, — il le mit dans la meilleure école qu'il trouva ; mais ce fut lui-même qui lui apprit le latin, voulant qu'il aimât Virgile, ce poète des poètes dont la musique divine endort jusqu'à la douleur. Ces leçons lui faisaient passer de douces heures et les progrès que faisaient Michel l'enchantaient et l'enorgueillissaient. Il serait bien tel qu'Elle et lui l'avaient rêvé, quand elle ourlait en cachette ses langes ! Elle ! quoi maintenant ! une pauvre morte dormant dans un cimetière, des yeux sans regards, une bouche sans lèvres, le néant dans un squelette, le néant qui avait été la beauté, le charme, l'amour ! Il dévorait ses pleurs quand ces pensées venaient en lui. Une larme cependant coula une fois dans les cheveux blonds de l'enfant, qui leva la tête tout étonné. D'Arthès dit qu'une mouche lui était entrée dans l'œil et fit de son mieux pour sourire. Ce n'était pas encore, au fond, une vie mauvaise que celle-là. Nous ne sommes vraiment malheureux que lorsque tout manque au besoin de tendresse et de dévouement qui est le fond de l'âme humaine. Ne nous plaignons pas tant que nous avons un but dans la vie, et surtout quand ce but est le bonheur d'un être aimé. L'immense douleur est dans l'abandon de ce qui nous était un sacrifice, dans la désertion d'un dévouement. Entre les travaux où son intelligence très métaphysique se développait à l'aise et les joies de tous les jours d'instruire l'enfant qui était sa vie, d'en faire un homme et de lui donner un peu de son âme, l'existence de l'abbé d'Arthès, très entourée d'estime, était susceptible de douceurs réelles.

Il avait su demeurer, isolé dans ses livres et dans sa tendresse, étranger aux préoccupations politiques qui étaient cependant, en France, comme les premiers grondements d'un volcan prêt à s'ouvrir. Rien ne lui importait de ces doctrines jetées au vent et qui allaient germer comme une herbe mauvaise sous les pas de la séculaire monarchie qu'elles devaient étouffer.

Vous me saurez gré, certainement, mon ami, de passer rapidement sur une série d'événements que nous ne connaissons que trop. Car notre génération a eu vraiment les oreilles rebattues de la Révolution française. Nous avons grandi opprimés par des imbéciles qui voulaient absolument que l'histoire de notre pays n'eût vraiment commencé qu'à la déclaration des droits de l'homme. Pour tous ces jobards, les siècles qui précédèrent ce ridicule factum ne furent qu'un temps malheureux, obscur et sans intérêt, où se distinguèrent cependant quelques barbares nommés Rabelais, Corneille, Racine et Molière. Vous connaissez cette baliverne. Elle m'a toujours si fort irrité et révolté, que je ne puis plus entendre parler de la première République, sans avoir envie de sortir de la chambre pour aller respirer au dehors, comme lorsqu'une odeur de mauvaise cuisine vous poursuit dans un appartement. Je voudrais, pour qu'on épargnât cet ennui aux fils qui viendront après nous, qu'on corrigeât un peu cette page de notre histoire, en leur montrant la Convention remettant généreusement sur le trône Louis XVI corrigé. Je serais volontiers le Loriquet de cette nouvelle théorie. Je n'insiste donc pas sur l'effroyable régime de tyrannie et d'oppression qui signala le réveil de la liberté. Les citoyens proscrits ou traînés à l'échafaud, août et ses fusillades, septembre et ses massacres ; je n'aurai garde de ramener ces cauchemars sanglants sous vos yeux. En sa qualité de noble et de prêtre, l'abbé d'Arthès fut rapidement dénoncé. Mais il habitait un quartier où les femmes du peuple étaient vaillantes et généreuses. Les dames de la Halle, qui l'aimaient pour sa charité, l'arrachèrent à la garde qui l'entraînait ; l'une d'elles lui donna asile. Michel put lui être rendu. Tous les deux purent enfin s'échapper de Paris, mon grand-oncle sous le costume grotesque d'un marchand de chevaux.

Tous deux gagnèrent le Midi à travers la France épouvantée et remuée aussi par les mêmes levains mauvais que Paris, livrée à quelques féroces tyranneaux qui parodiaient les crimes du Comité de salut public, loups-cerviers qui voulaient forcer leur gorge aux grondements sonores des lions. L'étranger seul était un asile assuré. Il fallait émigrer à tout prix. L'abbé n'avait pas à hésiter sur le choix d'une nouvelle patrie. Sa mère n'était-elle pas originaire de par delà les Pyrénées? N'était-il pas

4.

Espagnol autant que Français? Comme l'air lui sembla bon à respirer par delà les montagnes franchies, derrière ce rideau bleu que festonne, au sommet, un frisson de neige qui le séparait enfin des lieux où ne régnaient plus que la colère et la terreur! Ce tranquille rempart debout dans la sérénité du ciel lui parut comme une porte fermée sur l'enfer dont il venait de s'échapper. Imaginez Adam subitement ramené dans le paradis terrestre. Il salua les grands aigles qui passaient entre les cimes, emblème de la liberté vraie qui plane au-dessus des abîmes, plus haut que la boue et que le sang dont la terre est sans cesse souillée et rajeunie.

L'abbé trouva, dans la famille de sa mère, l'accueil qu'il avait le droit d'attendre chez un peuple éminemment hospitalier et qui tient haut les traditions saintes de la parenté. Il n'était pas d'ailleurs un inconnu en Espagne. Dans ce pays très préoccupé de théologie, il avait un nom, et le clergé, qui tenait ses travaux en grande estime, lui ouvrit son sein avec un orgueil qui lui rendit, à lui-même, quelque courage. Des lettres de grande naturalisation, ou tout au moins ce qui en tenait lieu alors, l'assurèrent de la bienveillance du gouvernement et la rapidité de cette distinction lui fut une consolation nouvelle. Michel devenait Espagnol en même temps que lui, par un droit d'option que lui donnait son âge, Michel qui passait toujours pour un orphelin à qui il s'était attaché et qui s'était attaché à lui. L'abbé fut attaché à la cathédrale de Madrid avec je ne sais plus quelle dignité chanoinesque qui lui donnait droit à des insignes quasi épiscopaux. L'enfant fut placé dans un collège, mais le goût des arts le prit plutôt que la passion des études classiques. La contemplation des chefs-d'œuvre qui abondaient autour de lui l'avait vivement impressionné ; ses aspirations se tournaient vers cette admirable école de peinture qui devrait être celle du monde entier. L'abbé, lui, avait repris ses scientifiques recherches sur les origines de la foi et les vraies doctrines des Pères. C'était à fort peu près, sous un autre ciel, la reconstitution de la vie qu'il avait menée depuis qu'Elle n'était plus.

Michel avait seize ans quand le prirent les

premières langueurs de l'amour, qui sont le plus délicieux moment de la jeunesse, extases vagues vers le beau vivant, qui est la femme, désirs inconscients qui sont sur le cœur comme une caresse, état de trouble délicieux qui est comme la fraîcheur d'une journée de printemps avant les grondements de l'orage. On n'aime pas encore et l'on sent pourtant, on devine déjà qu'aimer sera toute la vie. Avec ses instincts mélancoliques que les épreuves prématurées avaient accentués, avec le don de poésie qui était au fond de son être, Michel fut plus vivement impressionné que personne par cette période de transformation et de la virilité épanouie. Tout trahissait, en lui, ces mystérieux mouvements de l'âme vers celle qui sera notre éternelle torture et notre éternelle félicité. L'ombre des baisers, comme l'aile d'un invisible oiseau qui le frôlerait, fermait quelquefois ses yeux et entr'ouvrait sa bouche; une fleur d'adolescence, pâle de la pâleur virginale du lis, lui montait au visage. Son père suivait avec un intérêt anxieux, une tendresse perplexe, cette métamorphose de l'enfant qui était sa chair, et, glorieux au fond de le voir devenu un homme, il pensait avec une joie vraiment généreuse, que celui-là, du moins, plus heureux que lui, pourrait aimer sans crime et donner son cœur sans trahir son serment. La première fois qu'il vit Michel presser timidement, se croyant seul avec elle, la main blanche d'une jeune fille et y poser, tout tremblant, ses lèvres, il eut un attendrissement du cœur aux yeux et des larmes où Dieu lut certainement cette prière : « Seigneur, donnez-lui l'amour et tout le bonheur que j'ai perdu ! »

Mais ce n'est pas par une idylle que devait finir l'histoire que je veux vous conter jusqu'au bout.

III

Nous sommes en 1813 et Michel a dix-huit ans. La guerre est entre la France et l'Espagne. Et quelle guerre ! L'invasion perfide, lentement préparée par des mensonges, l'agression la plus révoltante contre la liberté d'un peuple confiant et fidèle, un des grands crimes qui se puissent lire dans l'histoire des nations; car il faut bien convenir de cela, jamais trahison ne fut plus flagrante, jamais la conquête ne fut préparée et mûrie par de plus infâmes moyens. Le cœur de l'abbé d'Arthès se serra quand cette lutte fratricide entre deux races de même sang latin éclata, indignant l'Europe tout entière et soulevant tout un monde contre un maître trop longtemps heureux. Oui, ce fut un océan de tristesse et de désespoir qui monta dans l'âme du prêtre qui avait la honte de se souvenir qu'il avait été Français. Il faut bien que j'insiste sur cet état de son esprit pour expliquer les choses qui vont suivre. Je plaide les circonstances atténuantes. Mais où les trouver plus complètes et plus concluantes? Voilà un homme paisible, un citoyen irréprochable que ses compatriotes avaient voulu tuer et qui n'a dû son salut qu'à la fuite. Il faut vraiment pardonner aux émigrés d'avoir eu des sentiments peu filiaux pour une marâtre que leur fut la France en ce temps-là. L'abbé n'était pas d'ailleurs un émigré ordinaire. Il appartenait déjà par le sang à la patrie qu'il avait adoptée ensuite. Certes, il y avait, de l'autre côté, l'autre patrie, celle qu'on ne doit oublier jamais. Mais, de son côté à lui, où d'autres combattaient autour de lui, il y avait la liberté sacrée d'un peuple qui se défend et qui meurt pour n'être pas opprimé : qui oserait dire quelle est la plus grande et la plus sainte de ces deux choses? qui oserait choisir entre le patriotique devoir et le sentiment de l'éternelle justice? entre l'amour de la terre qui nous a donné le jour et le respect du droit qui gouverne toutes les terres?

Avouez que le doute était au moins permis à une conscience que de longues et hautes réflexions avaient mise très au-dessus des préjugés. Je dois dire que celle de l'abbé d'Arthès n'hésita pas longtemps. De tout son cœur, de tous ses vœux, de toutes les forces de son espérance, il fut pour ceux qui combattaient pour l'indépendance du sol natal et pour leur liberté.

Ce lui fut cependant une terrible secousse, quand Michel, qui avait l'âge de servir, fut requis de se joindre aux défenseurs du pays où la vie avait vraiment commencé pour lui avec l'ineffable puissance d'aimer. Son fils porter les armes contre la France! Il eut une révolte d'abord et se dit: non! Mais quoi? avait-il le droit de défendre à son fils d'être le fils reconnaissant d'une terre hospitalière et bénie, de celle où son cœur avait battu pour la première fois? Et quand il le voudrait même? Avait-il donc une force contre la loi qui appelait aux armes tous ceux en état de les porter. Ah! je veux descendre bien avant au fond de cette âme. Il y avait plus et autre chose que cela dans la grande douleur qui prit l'abbé quand il fallut que son fils fût soldat. Il y avait quelque chose de maternel, pour ainsi parler, et qui protestait contre un danger que cette tête si chère allait courir. Quelque chose de lâche, si vous voulez, ressemblant à de la peur, mais profondément excusable et humain. Est-ce qu'on allait le lui tuer, cet enfant qui était, depuis tant d'années, tout son cœur! Ah! Dieu ne permettrait pas cette chose abominable et impie, qu'après avoir tant souffert, il eût encore à souffrir cela! Dieu était bon et cela n'était pas

possible ! Il n'y avait plus que le blasphème,
si le ciel tolérait cela !

Incapable de subir l'angoisse de savoir au
loin Michel combattant et mourant peut-être,
l'abbé prit un parti énergique et faible à la fois,
où s'affirmait et se démentait, en même temps,
son courage. L'aumônerie militaire n'était pas
organisée dans l'armée espagnole, qui était
d'ailleurs une armée manquant de régularité,
une armée de volontaires plutôt que de soldats
éprouvés ; mais des prêtres suivaient les régi-
ments, les accompagnant aux champs de bataille, relevant les blessés et bénissant les
morts, penchant des baumes sur les plaies et
des absolutions sur les agonies, volontaires
aussi dans la guerre sainte où les armes sont
le sacrifice et le dévouement. En vain voulut-
on le retenir au poste qu'il occupait dans la
métropole. Il partit. Il partit derrière Michel,
résolu de ne pas le laisser s'éloigner de lui,
résolu de le suivre et de le défendre.

Ce fut une vie terrible qui commença alors
pour lui. On ne combattait pas dans une
série de batailles. C'était la guerre implacable,

incessante, l'embûche toujours tendue, chaque buisson cachant un fusil, chaque roc debout quelque ennemi en embuscade. C'est cette défense pied à pied du territoire qui vainquit l'invincible armée de la France. C'était souvent le combat corps à corps, comme aux temps héroïques où les gens de courage portaient la victoire dans leur cœur. Mais le danger était incessant, le péril était de toutes les heures; un coup de feu, là, derrière ces genêts étoilés d'or clair, c'était la mort pour un inconnu, et cet inconnu pouvait être!... Ce que souffrit le malheureux homme ne se peut dire. Là où s'était échangée une fusillade, si rapide qu'elle fût, il accourait, pantelant. Personne ne se hasardait plus intrépidement aux avant-postes pour avoir quelque nouvelle. Michel, une fois, ne revint pas de deux jours. Fou de désespoir, l'abbé s'en fut, en rampant, en se cachant, jusqu'aux avant-postes ennemis, où un aumônier français le renseigna de son mieux. Cette imprudente démarche avait été remarquée. Mais les Espagnols parlent peu. Par contre, ils sont prompts à agir. L'abbé ignora qu'il avait été vu et suivi, mais personne autour de lui ne l'oublia.

Une bataille, une vraie, une rencontre considérable entre les forces réunies des Espagnols, des Portugais et des Anglais, et le corps le plus nombreux de l'armée française, était imminente enfin, dans la province d'Alava, près Victoria, que Wellington et Jourdan avaient choisie pour se mesurer face à face.

Je n'esquisserai pas, ce n'est pas le lieu, même les grands traits d'une bataille qui termina dans l'humiliation une guerre commencée dans la trahison. Journée mémorable et fatale aux armes françaises. Pour une fois, le châtiment s'en fut au coupable, ce qui est rare dans l'histoire des peuples. Mais l'héroïsme des vaincus leur sera, devant la postérité, un éternel pardon. Nul n'oubliera l'admirable défense du pont de la Zadorra par notre artillerie décimée, ni les miracles de valeur qui furent faits au pont de Trefneutès, ni la défense de cette colline de Arrato où tant des nôtres demeurèrent couchés. Mais tout cela est une page d'héroïsme très au-dessus des ambitions de mon récit, et je reviens aux très modestes personnages dont la destinée s'agitait en même temps que celle des peuples, comme les frémissements de la mer se font sentir dans les moindres cours d'eau qui s'y viennent jeter. Il n'y avait plus eu moyen, pour l'abbé d'Arthès, de suivre, ce jour-là, les moindres mouvements de Michel, qui faisait partie d'un corps engagé au plus fort de la mêlée. L'enfant était là, perdu dans l'inconnu, dans un inconnu plein de menaces, traversé par le vol des boulets, un inconnu grondant comme l'océan et comme l'océan palpitant sous une écume de fumée. L'enfant était là dans le gouffre où se croisaient les flammes de la fusillade, dans la plaine où la faux de la mort rasait le sol par grandes coupures à travers les épis humains. Son âme délivrée était peut-être déjà dans les souffles qui emportaient toutes ces clameurs et toutes ces vapeurs de sang. Je vous jure que le pauvre homme était bien misérable, méditant sur toutes les chances fatales où se jouait l'unique tendresse de sa vie, tout le passé revivant dans une chère mémoire, tout l'avenir écrit sur un front!

Nous étions vaincus. La retraite avait sonné de tous côtés. Wellington était maître de la plaine; les Espagnols occupaient le mont Arrato qui domine la Zadorra. Le soir venait sur cette lamentable journée, un soir de juin ironique et superbe, avec un soleil qui semblait se coucher dans la pourpre faite par tout ce sang. Le ciel occidental, embrasé et vibrant, était rouge et des tons de cuivre montaient jusqu'au zénith. Bientôt la première étoile scintillait, comme une larme, comme une larme tombant sur toutes ces funérailles, une larme de pardon céleste et de pitié... Michel n'était pas revenu.

Les Anglais goûtaient orgueilleusement le fruit rare pour eux de la victoire longtemps incertaine. Ils buvaient beaucoup d'eau-de-vie, ayant dépensé beaucoup de courage. L'enthousiasme était tout autre et autrement vibrant dans la petite armée espagnole, qui avait combattu, elle, pour la plus sacrée des causes. Un cri s'éleva de tous les rangs :

« Le *Te Deum!* le *Te Deum!* » Il fallait bien dire un hymne au Seigneur qui avait combattu avec eux ! Et partout, dans toutes les poitrines mâles où le souffle païen des âmes latines avait passé, ce cri s'élevait, impérieux, exalté, vraie *vox populi* : « Le *Te Deum!* le *Te Deum!* »

En quelques instants une sorte d'autel fut improvisé sur la colline. Mais qui entonnerait le chant pieux et triomphal? L'abbé d'Arthès était, dans l'ordre ecclésiastique, le plus élevé en grade des prêtres qui étaient là. J'ai dit en effet qu'il portait les insignes épiscopaux. Il les dut revêtir et parut dans le costume sacré, mitre au front, superbe avec son visage pâle où l'angoisse était écrite, tandis qu'une telle joie rayonnait tout autour de lui, joie patriotique, superbe et sainte! En même temps que le chant de triomphe serait chanté, les morts relevés sur le champ de bataille défileraient sous la bénédiction du prêtre et des absolutions tomberaient de ses bras étendus sur tous les héros tombés glorieusement pour la patrie. Donc, au pied de la petite montagne, ce cortège funèbre et lent; au sommet, devant l'autel, l'abbé louant Dieu et bénissant les trépassés tout à la fois. Je vous jure que le spectacle était plein de grandeur sous le ciel qu'incendiaient les derniers éclairs du couchant.

— *Te Deum laudamus! Te Deum confitemur!* fit l'abbé d'une voix tremblante, d'une émotion indicible. Et tout le chœur reprit, l'armée tout entière :

— *Te Deum laudamus! Te Deum confitemur.*

Et les morts passaient, cahotés par les porteurs, sous les mains bénissantes du prêtre dont les yeux semblaient fouiller leur visage que le sang rendait méconnaissable quelquefois. Et il continua :

— *Te æternum Patrem omnis terra veneratur.*

Le chœur toujours exultant :

— *Te æternum Patrem omnis terra veneratur.*

Avec plus d'angoisse encore dans l'accent, il dit :

— *Tibi omnes Angeli...*

Un trépassé était là, sous ses yeux... Michel ! Le visage du prêtre se contracta; un rictus épouvantable tordit sa bouche où l'écume monta, ses deux poings se crispèrent autour de ses habits comme pour les arracher. Puis il leva ses deux bras vers le ciel, et d'une voix que la fureur rendait puissante comme un tonnerre :

— Dieu cruel! Dieu lâche! sois maudit!

Et ses mains lui vinrent labourer le visage, les ongles s'ensanglantant dans la chair, et il tomba comme anéanti, tandis que le chœur continuait :

— *Tibi Cherubim et Seraphim incessabili voce proclamant!*

Une clameur interrompit le chant sacré :

— Mort au traître! Mort au traître! Il est furieux de notre victoire! Ce Français était avec les Français! Il insulte à notre triomphe! Mort au traître!

Et le bruit circulait, dans les masses irritées, de la visite que l'abbé d'Arthès avait faite aux avant-postes ennemis. Et les voix s'élevaient répétant : « Mort au traître! »

L'abbé, revenu à lui, était droit sur ses genoux, livide, hébété, avec la folie dans les regards, pantelant comme une bête à demi assommée. Vingt fusils se couchèrent en même temps. Nul ne donna le signal : mais les vingt coups partirent et mon grand-oncle tomba foudroyé. Le cortège funèbre s'était arrêté dans l'émotion générale. Dieu eut, tout de même, bien un peu de miséricorde pour lui, car c'est sur le corps de Michel qu'il tomba, et ses bras mourants étreignirent encore l'enfant bien-aimé.

Ici finit le récit de mon ami Jean de Trécy.

Une dernière fois, mes regards s'arrêtèrent sur la miniature et tout ce que je sentis monter de mon cœur, ce fut une immense pitié.

SORTILÈGES

I

Ceci est un conte pour ceux qui ne se soucient ni du temps, ni de l'espace, ni du lieu où se passent les choses, ni de l'année qui les compte parmi ses événements; pour les rêveurs qui fuient jusqu'au vêtement même de la réalité, ou par les penseurs qui savent bien que tout ce décor importe peu quand il s'agit du drame éternel de l'âme humaine. Convention que les jours et les mois, vaines mesures de ce qui est infini et ne gît vraiment qu'en nous-mêmes. Imagination que l'histoire qui n'est qu'une redite sans fin et qui se peut prévoir aussi bien qu'elle se raconte. Car elle obéit à une logique aussi certaine que les nombres, et tout son secret est dans notre esprit.

A travers les siècles et parmi la diversité des paysages, l'amour a creusé son sillon de la terre au ciel, tantôt précipitant ses victimes aux abîmes, tantôt emportant ses élus dans le pays bleu des étoiles. Que nous font les pays qui séparent les gouffres de ces empyrées? Le pas grave du mètre et la rythmique chanson de l'horloge n'ont rien à voir à la route ni à la durée de ces courses sublimes entre le néant et l'infini. Ce qui marche n'est pas fait pour suivre ce qui porte des ailes. Le vol puissant de l'amour diminue la surface du monde et la longueur des âges, rayant la profondeur des cieux d'une longue traînée rouge, faite, non pas de la pourpre des couchants, mais du plus pur sang des hommes. Ce météore a des levers superbes, des zéniths radieux et des mélancoliques déclins. Il emplit le firmament de ses douloureuses splendeurs et le déchire, laissant derrière soi les étoiles ouvertes comme des blessures de clarté.

Or, le conte que je veux vous dire est un conte d'amour, et voilà pourquoi il se passera où vous voudrez, dans les chimériques contrées méprisées des historiens et des géographes, que visite seule la fantaisie audacieuse des poètes, dans les domaines oubliés qu'emplit autrefois la gloire des mythologies et dont l'écho nous apporte les noms vides de sens, des rives que noie aujourd'hui l'ombre du passé. Que penseriez-vous, par exemple, de l'Épire grecque et de la Cassiopie? Ces mots n'évoquent, n'est-ce pas, sous vos yeux, ni costumes définis, ni mœurs connues, ni enchaînement de faits soudés les uns aux autres par une certitude? Ils ne vous imposent despotiquement aucune image réelle? Eh bien, ces terres à jamais perdues dans les brumes sont bien celles qui conviennent à mon récit, où tout se peut admettre sauf l'ambition d'une restauration historique. Et pourquoi pas? Imaginez qu'au lieu d'être rigoureusement exact à la façon des monuments scientifiques, tout fut imaginé dans un des plus beaux livres de ce siècle, croyez-vous que Salammbô ne demeurerait pas un livre immortel? Le supplice de Matho en serait-il moins émouvant? La vérité n'importe, à vrai dire, que dans l'analyse et la peinture des passions. L'autre est un luxe que les gens très riches d'érudition peuvent seuls se payer. Je ne suis pas de ceux-là et n'écris que pour les curieux des choses de l'âme seulement.

II

Donc — comment eussent-ils été voisins sans cela? — les gens de l'Épire et ceux de la Cassiopie étaient divisés par des haines séculaires; mais jamais celles-ci n'avaient été aussi violentes que depuis que deux reines, rivales de beauté, avaient occupé, en même temps, les trônes de ces deux pays. Leurs noms importent peu. Il eût dû être le même, fait d'un frémissement d'ailes, d'un murmure de source, de toutes ces voix mystérieuses qui, dans la nature, saluent au passage le spectre divin de la femme et se résument, sur les lèvres humaines, dans la musique des baisers. Sachez seulement qu'au bout de dix ans d'une guerre où beaucoup de leurs sujets avaient péri, — héros qui, tombant pour les servir, ne regrettaient rien de la vie, — elles avaient conclu, par lassitude, une paix toute chargée de rancunes sourdes et de lâches projets de vengeance.

Issue d'un sang barbare, celle de Cassiopie était particulièrement farouche dans ses desseins ; enfant, elle avait sucé le lait d'une louve de Thrace et je ne sais quoi de féroce s'était ajouté encore à sa cruauté originelle. Celle d'Épire était non moins habile à méditer les trahisons, mais l'amour d'un fils unique avait absorbé toutes les forces vives de son âme.

Pyrrhus — ainsi s'appelait ce fils — grandissait sous les sages leçons du philosophe Admète et sous les yeux inquiets de sa mère. C'était, au moment où je parle, un bel adolescent, déjà viril, de stature élevée, doux et brave, et tel que Thésée eût connu son fils si la mortelle tendresse de Phèdre le lui eût permis. Il le fallait voir bondir par les terres arides ou s'enfoncer, derrière ses grands chiens, dans les bois opaques, défiant les bras étouffants de l'ours et la dent acérée du sanglier.

C'était l'orgueil du peuple et de sa mère.

La reine de Cassiopie, elle, avait une fille de deux ans à peine plus jeune que Pyrrhus, et dont la beauté promettait déjà de surmonter encore la beauté de celle qui lui avait donné le jour. Olympias — ainsi se nommait-elle — réalisait, en elle seule, les deux types de la vigueur triomphante et de la grâce victorieuse. Sur son cou rond et nerveux, descendait le flot lourd de sa chevelure noire, enroulant jusque sur le marbre rosé de ses cuisses ses anneaux capricieux. Le buste exquis accusait bien encore çà et là, quelques maigreurs enfantines, bien que les seins jaillissent déjà comme deux volcans jumeaux couronnés d'une flamme légère; mais les hanches avaient la plénitude des maturités précoces, bondissantes comme des collines, enserrant d'une chaîne charnue aux beaux tons d'ambre ce modèle pur et uni d'un ventre virginal. L'effilement harmonieux des jambes jusqu'aux chevilles, un peu haut posées, donnait infiniment de noblesse à cet ensemble, où le charme des formes le disputait à leur majesté. Ne vaut-il pas mieux vous en dire tout cela que de détailler les richesses de son costume? Que sont les merveilles de la soie et l'éclat des pierreries auprès des vivants trésors que la femme porte en elle. Voilà qui importe presque aussi peu au sage que la vérité des dates et l'authenticité des événements.

L'expression du visage d'Olympias était singulièrement mystérieuse, éclairée par deux yeux aux profondeurs jaspées, deux yeux attirants et troublants, semblant tantôt durs comme des agates, tantôt mouillés intérieurement de tendresses rapides et comme traversés de rayons pleins de rosée.

A quinze ans, tous ceux qui la regardaient avec attention furent frappés des changements qui s'opéraient en elle. Une séduction plus grande sembla l'envelopper tout entière, comme une vapeur d'aimant, comme un souffle magnétique qui se dégageait de toute sa personne. Le mystère des pubertés s'épanouissait dans son être, avec cette envolée de parfums pénétrants qui monte des fleurs dont le bouton éclate sous la corolle d'or du soleil. En même temps, un grand alanguissement se fit dans toute sa façon de penser et de sentir, qui prit tout à la fois un caractère charmant, fatidique et douloureux.

Mais jamais elle n'avait été si belle.

III

C'était justement depuis le jour où la vieille sorcière Canidie, savante en poisons et en philtres, en magies coupables et en criminels secrets, était venue dire à sa mère : — « Que ne donnerais-tu pas pour que Pyrrhus, le fils de ta rivale, mourût? » — Et la reine de Cassiopie avait répondu : — « Il n'est vraiment rien que je ne donnasse pour cette joie. »

Alors, la magicienne lui avait conté tout bas qu'elle connaissait une herbe dont le pouvoir terrible la pourrait servir. La jeune fille, dont on en mêlerait, quelques jours durant, la nourriture, deviendrait mortelle à qui oserait l'aimer. Sans souffrir, elle-même, de cet étrange venin qu'elle porterait en elle, elle en communiquerait le feu invisible à l'amant ou à l'époux qu'elle enfermerait dans ses bras. Celui-ci en boirait la flamme sur sa bouche et un grand embrasement lui courrait aussitôt par les veines ; ses membres se tordraient dans d'indicibles douleurs, comme des sarments de vigne dans l'âtre rouge ! Une soif inextinguible le dessécherait si fort qu'il se recroquevillerait comme une feuille morte, et l'horreur de son supplice dépasserait tout ce que peut trouver le rêve en fouillant les géhennes sinistres de l'enfer.

— « C'est bien ainsi que je veux qu'il meure ! s'écria la reine. Prends ma fille Olympias et l'emplis de ce poison qui respectera sa beauté et sa vie. »

— « Elle sera plus belle encore, dit la sorcière, et vivra plus longtemps. Car la mort elle-même recule devant l'embrassement fatal dont elle a mesuré le pouvoir. »

A quelque temps de là, il y eut une grande réjouissance dans les deux contrées dont les reines s'étaient publiquement réconciliées. Des bœufs entiers avaient fumé sur des arbres réduits en tisons et les outres de vin avaient si fort saigné que les chemins en étaient encore tout rouges. Les crotales, en se heurtant, avaient poussé jusqu'à l'horizon la clameur stridente des cuivres, et les danses avaient mêlé, dans un tourbillon éperdu, les crinières fauves fouettant l'air et les brunes toisons volant en flocons de nuit. Les peuples naïfs avaient cru à un ange d'or descendant, une aile étendue sur l'Épire et l'autre sur la Cassiopie, les mains gonflées d'abondance, et couchant les linceuls fleuris de la paix sur les terres bien arrosées de sang. Un mariage allait sceller l'éternelle alliance.

Comment Pyrrhus avait-il vu Olympias ? Au seuil d'une forêt qu'il avait emplie, tout le jour, de l'aboiement des meutes, à la frontière même des deux États. Dans les champs qui bordaient les bois, de l'autre côté d'un ruisseau clair d'où les joncs jaillissaient, par places, comme les flèches d'un carquois, Olympias avait passé, le front couronné de verveines, découpant on

ombre l'image d'une immortelle sur le fond
d'or du couchant. Tout autour d'elle, comme
une fumée d'encens, montait une buée de
lumière, et le recueillement du soir, doux et
mystérieux comme l'ombre d'un temple, enveloppait son étrange et surhumaine beauté.
Pyrrhus sentit ses genoux fléchir et que son
cœur était à jamais vaincu. Un rêve inexorable
le hanta. Comme exilé de lui-même, il ne vivait
plus que dans le désir de posséder cette tête
admirable, ce corps fait de splendeurs sans
pareilles ; de saouler ses sens jeunes et vibrants
à cette source vivante de délices ; et ses chairs
frémissaient déjà à cette seule idée d'approcher ces chairs tièdes et lumineuses toutes parfumées de jeunesse ; ces chairs de marbre transparent où paraissaient couler, mêlés, le sang
des lis et le sang des roses ; ces chairs dont
l'idéale argile semblait appeler son âme à lui,
comme pour s'en faire animer d'une vie nouvelle ; ces chairs rayonnantes de mille aiguillons qui le piquaient aux moelles comme des
feux caniculaires. Et ce lui était une folie
douce, obstinée, inguérissable, de s'imaginer

qu'une force mystérieuse l'anéantissait dans cet être aux charmantes et farouches splendeurs.

C'est ici qu'Admète survint.

IV

Comment le philosophe avait-il découvert le sortilège de Canidie? C'est que, sans doute, les philosophes de ce temps-là n'étaient pas de rogues pédants comme les nôtres, mais des sages, indulgents à toutes les humilités de l'esprit et qui ne dédaignaient pas, eux non plus, d'être un peu sorciers à l'occasion. Heureux siècle où tout le monde était un peu magicien et où personne ne doutait qu'un au delà dominât tout ce qui nous entoure. J'en veux beaucoup à nos savants d'avoir rétréci le champ de l'âme humaine et coupé, à la divine Fantaisie, ses ailes roses comme celles des ibis.

Donc, les noces de Pyrrhus et d'Olympias

venaient d'être célébrées avec des pompes
inouïes, plus de mille victimes blanches ayant
mugi sous le couteau des prêtres et les fumées
d'encens ayant monté si haut, s'enroulant
autour des colonnades du temple, qu'elles for-
maient encore un nuage bleu courant dans le
ciel, plus bas que les autres nuages. La voix
des hymnes roulait sur les chemins comme
une poussière mélodieuse, s'épaississant et se
heurtant aux échos. La joie populaire menait
son vacarme odieux autour des maisons
enguirlandées de feuillage. Le cortège venait
de reconduire les deux époux qui, la main
dans la main, sur un char traîné par quatre
mules de neige, avaient trouvé la ville toute
chancelante d'ivresse et semblant osciller entre
ses murs. Pyrrhus mourait déjà de fièvre impatiente, sentant Olympias si près de lui et, plus
que tous les autres, était-il grisé par le parfum
charnel qui montait de sa robe dont le vent
faisait flotter les plis... On approchait du seuil.
Sans force pour une plus longue lutte, bravant
tous les respects vulgaires, le prince sentait sa
bouche voler à celle de la tant aimée...

— « Arrêtez! dit Admète, en étreignant le prince entre ses bras. »

Et, maintenant sa résistance désespérée, tandis qu'Olympias interdite semblait une statue de marbre, il lui révéla le terrible secret.

« Arrière! tu mens! s'écria Pyrrhus. »

Mais la reine d'Épire, prévenue par Admète, accourait. Ce n'était plus un soupçon, mais une certitude. Aussitôt la cérémonie du temple achevée, la reine de Cassiopie avait disparu, redoutant les terribles représailles.

« Ma mère, je ne le croirai jamais! » répétait le malheureux amant.

Et Olympias, qui ne savait rien, avait tendu ses yeux fixés sur le ciel, comme pour l'interroger.

« Reste-là, mon fils, un instant et laisse-moi l'emmener. Je te jure sur ma tête qu'aucun mal ne lui sera fait et que tu la retrouveras tout à l'heure. »

Olympias suivit la reine d'Épire, sans que la moindre émotion mît un froncement à sa bouche muette.

Admète contemplait avec douleur le prince anéanti. Mais au moment du départ, il avait échangé un regard d'intelligence avec sa royale maîtresse.

Tout à coup la reine reparut et, s'avançant vers son fils :

« Viens ! lui dit-elle. »

Dans la salle voisine, sur un lit très bas et dont les draperies avaient été déchirées par les morsures d'une agonie, un homme se débattait encore, tendant en tous sens ses membres crispés, secoué de hoquets terribles, la gorge gonflée de râles tumultueux et sifflants, le visage bleu, épouvantable à voir, fermant encore parfois, dans une étreinte désespérée, ses bras autour du corps, souple et plus rayonnant encore de vie par l'horreur du contraste, d'Olympias, silencieuse et comme pétrifiée devant son œuvre. C'était un esclave sur qui la reine avait tenté l'épreuve, un bel esclave de vingt ans qui s'était rué sur Olympias comme sur une proie et qui avait aspiré cette mort affreuse dans le premier baiser posé sur la bouche de la princesse.

— Eh bien, mon prince ? fit le doux Admète, très orgueilleux de la sagacité de sa philosophie.

— Eh bien, mon fils ? ajouta la reine en baisant avec une tendresse folle la main de l'enfant qu'elle venait de sauver.

Mais, d'un geste sans réplique, violent, furieux, repoussant le philosophe et sa mère attérés, d'un bond de fauve s'élançant vers le lit où s'agitaient les affres, Pyrrhus en poussa du pied le cadavre encore flexible qui roula sur le sol avec un bruit mou, et, couchant sous son embrassement désespéré Olympias sans défense, il but avidement sur sa bouche une mort pareille, cette mort faite d'indicibles tortures et de supplices monstrueux dont il venait de mesurer l'effroi, cette mort épouvantable et souhaitée dont les cruelles délices étaient payées pour lui d'un seul baiser !

JEAN MONNEREUX

I

— Oui, mon cher, au moment où j'arrivais, Jean Monnereux tenait encore à la main son revolver fumant et je le vis fort distinctement le jeter, puis s'enfuir dans les broussailles, pendant que je m'élançais pour recevoir sa femme dans mes bras.

— Elle était morte?

— Je sentis tout de suite aux crispations de tout son être qu'elle allait expirer. Le sang coulait de sa poitrine avec tant d'abondance, que j'en étais moi-même inondé; ses mains se cramponnaient à mon cou. Ceux qui vinrent ensuite, attirés par le bruit de l'arme, eurent grand'peine à m'arracher à cette étreinte désespérée. Quand ils l'étendirent à terre, elle était inerte déjà et le hoquet qui l'avait un instant secouée était éteint!

— Et elle n'avait pu prononcer une seule parole?

— Non.

— Tant pis.

— Pourquoi, tant pis?

— Parce que l'acquittement de ce misérable eût été impossible.

M. Anselme, — papa Anselme, comme nous l'appelions là-bas, — me jeta le regard le plus compliqué du monde. On y pouvait lire un peu de pitié, quelque étonnement et beaucoup d'ironie.

— Ne parlez donc pas de ce que vous ne savez pas, murmura-t-il un instant après en haussant légèrement les épaules.

— Au fait vous étiez témoin dans l'affaire?

— Heureusement.

Et l'expression des yeux de mon interlocuteur devint de plus en plus singulière. Un type, cet Anselme. Un homme de bien certainement et généreux au pauvre monde, mais sceptique en diable; très humain tout en méprisant copieusement l'humanité; réfléchissant tous ses actes et tenant pour préjugés tout ce qu'il ne conçoit pas comme tout le monde; une individualité, morbleu! dans un temps où elles sont rares. Un être profondément estimable, sinon spontanément sympathique.

— Vous voulez que je vous dise comment ça s'est passé à l'audience? reprit-il.

— J'avoue que j'en suis curieux.

— Eh bien, jurez-moi que ceci restera entre nous deux et promettez-moi de juger les faits dans la sincérité de votre esprit, en vous dégageant le mieux que vous pourrez, du bagage d'idées fausses et d'opinions toutes faites que traînent vos contemporains.

— C'est fait.

Et c'est sur ce ton de confidence, presque de mystère, que M. Anselme continua comme il suit :

II

Bien que voisin de Jean Monnereux, je n'étais pas son ami. Au reste, il n'en avait guère. C'était un garçon laborieux, partant ayant peu de temps à perdre avec les camarades, d'un caractère médiocrement enjoué, plein de réserve naturelle, n'ayant aucun de ces dons spontanés d'aménité qui attirent. On le vit bien quand il fut devant la justice. Tout le monde fut obligé de reconnaître qu'il était dur au travail, rangé à l'ordinaire, de mœurs régulières, mais les éloges eux-mêmes qu'on faisait de lui étaient empreints d'une antipathie sourde, quelque chose comme une rancune du peu de souci qu'il avait de plaire. Sa femme, au contraire, avait pour elle toutes les sympathies banales qui s'attachent aux natures avenantes et superficiellement aimables ; passée à l'état de victime, elle devenait fatalement un modèle de toutes les perfections et l'ange de toutes les vertus. Le sentiment populaire est ainsi. Notez qu'au temps où il la frappa, Monnereux pouvait être fier encore de la beauté de sa femme, bien qu'elle eût près de quarante ans. Mais jamais aucun mauvais bruit n'avait couru sur elle, et, de prime abord, la jalousie était écartée des mobiles qui auraient pu le pousser. Voilà ce que valent les renommées...

— Comment?

— Il était écrit, mon cher, que le hasard me ferait violemment entrer dans la vie de ce Monnereux qui aurait dû m'être tout à fait indifférent — et me livrerait ses secrets dont je n'avais pourtant aucune curiosité, je vous le jure. Le fait est fréquent d'ailleurs de ces rencontres d'existences que rien ne justifie et qui vous font traverser à plusieurs reprises la vie des gens qui ne vous sont rien. Le ménage passait pour fort bien uni, et cette dame pour irréprochable, quand une circonstance absolument improbable me fit témoin d'une scène qui jetait à terre toute cette légende d'honnêteté. Mᵐᵉ Monnereux avait un amant que personne ne lui soupçonnait, un gentillâtre des environs, un sot. Lui, le Monnereux, venait de découvrir la chose. Je n'ai rien vu de plus effrayant que sa colère et que sa douleur. C'est qu'il l'aimait terriblement sa femme! Voilà plus de vingt ans qu'il travaillait comme un mercenaire, pour que rien ne lui manquât et pour que le fils qui allait avoir ses vingt ans leur fît honneur à tous deux. Je les connaissais, moi, les vertus domestiques de ce méconnu, son abnégation, son courage, son âpreté à la lutte pour l'existence des siens. Oui, ce fut épouvantable. Le godelureau s'était sauvé. — Va-t'en! dit-il à sa femme. Et, comme je n'avais pu m'écarter à temps, il vint à moi que l'émotion clouait sur place, et me dit d'une voix qui était comme un râle :

— Vous êtes homme d'honneur, monsieur, vous ne parlerez jamais. Il y a le garçon qui est à Saint-Cyr et qui doit toujours respecter sa mère.

Il avait les yeux si rouges qu'on eût dit qu'il allait pleurer du sang. Je donnai ma parole. C'était la première fois que nous nous parlions et ce fut la dernière.

III

C'est deux ans après cette scène que le meurtre eut lieu. Il avait pardonné; il croyait sa femme redevenue fidèle. Comment apprit-il qu'au lieu d'attirer le gentillâtre chez elle, elle se rendait chez lui? Car, qui sait? elle lui avait peut-être juré simplement de ne plus le recevoir et croyait tenir son serment. Les femmes ont de ces subtilités de casuistique qui mettent d'accord la réalité de leurs désirs et le semblant de leur conscience. Toujours est-il qu'il l'apprit et s'en fut l'attendre, avec un revolver chargé, dans le coin de bois qu'elle devait traverser pour revenir du château. La fatalité que j'ai dite plus haut et qui n'est pas, je le répète, un fait isolé, avait conduit précisément là ma promenade. Voilà comment je fus l'unique témoin de l'assassinat. L'assassin était déjà loin quand les autres arrivèrent pour constater seulement la mort de Mme Monnereux.

— Qu'était-il devenu ?

— Il était rentré chez lui. Quand la rumeur publique, qui lui était hostile par avance, eût fait son œuvre, il se laissa arrêter sans la moindre résistance.

— Mais il n'avoua pas ?

— Il refusa absolument de répondre. Son attitude devant la justice fut typique et inébranlable : « Vous êtes là, messieurs, dit-il constamment à ses juges, pour faire la lumière sur ces événements et rien ne me force à vous y aider. Tirez-vous d'affaire comme vous l'entendrez ; j'attends votre arrêt sans rien craindre. » Vous pensez que cette façon d'agir n'était pas pour lui concilier la bienveillance du prétoire. On le lui fit observer. A quoi il répondit : « Il ne s'agit pas ici d'être bienveillant, mais juste. Je ne demande pas qu'on soit affectueux pour moi, mais équitable. » Ceux de la magistrature assise et ceux de la magistrature debout y perdaient également leur latin, n'ayant jamais rencontré un accusé de ce tempérament. Puisait-il cette fermeté dans le témoignage d'une conscience pure ? Était-elle un défi à leurs moyens d'investigation ? Peu le croyaient innocent, mais tous étaient suprêmement embarrassés. Pas de preuves dans le présent, puisqu'on était arrivé trop tard. Pas de présomptions dans le passé, puisque tout le monde ignorait le drame intérieur que cachait l'existence la plus calme et la plus unie du monde en apparence.

— Mais vous aviez vu, vous ! Votre témoignage...

— Nous y arrivons, me dit M. Anselme.

Et sa voix prit une tonalité singulière.

IV

— Ceux qui ignorent, continua-t-il, ce que les luttes de la conscience ont de douloureux, n'appartiennent pas au monde moral et doivent être classés parmi les brutes. Quand je songe au combat qui se livra alors en moi, je me sens encore le cœur et le cerveau étreints d'angoisses inoubliables. Le sort de cet homme dépendait de ma déposition. On savait que j'étais arrivé le premier sur le lieu du crime. On allait me demander si j'avais vu l'assassin. Si je répondais, non! il était sauvé.

— Mais le serment qu'exigeait de vous la justice ne vous dégageait-il pas de toute responsabilité?

M. Anselme eut un sourire plein de dédain pour une observation que je croyais péremptoire.

— C'est une fort belle chose qu'un serment, reprit-il, mais la vie d'un homme est quelque chose aussi. D'ailleurs peut-on jurer de faire une mauvaise action!

— Je ne vois pas en quoi!...

— Je vais vous le dire. Ça vous paraît tout simple à vous. Vous avez vu. On vous demande de le dire et vous le dites, parce que vous avez levé la main après avoir retiré votre gant. C'est correct et facile, j'en conviens. Mais il faut aller au fond des choses, monsieur, et ne se payer ni de formules, ni de devoirs de convention. J'avais mon opinion faite sur ce Monnereux, moi, parce que j'avais pour le juger des éléments que personne de la cour ni du jury ne possédait, et que je ne pouvais révéler à personne, à cause du fils, le saint-cyrien, qui ne devait pas apprendre les hontes de sa mère. C'est pour ça que Monnereux s'était tu. Car il lui eût été facile de se défendre : cocu, il avait pardonné ; cocu derechef, il s'était vengé. Il était acquitté haut la main. Mais le garçon était déshonoré. Et j'aurais parlé, moi, quand Monnereux se taisait, en risquant sa tête ! Ah ! je plains celui qui aurait eu ce courage-là, et je le méprise. Et puis, je lui avais juré aussi à Monnereux de garder le secret. Pourquoi me serais-je parjuré avec lui, pour tenir mon serment avec d'autres ? Oui, j'avais mon opinion faite, et pour moi cet homme était innocent, j'entends qu'il avait tué légitimement. Avais-je le droit de faire condamner un innocent ?

— J'avoue que le cas est...

— Très simple, Monsieur. Un dilemme : je dis la vérité en citoyen ami des lois et j'envoye à l'échafaud un martyr. Je mens comme un ministre et j'évite une erreur judiciaire à la magistrature de mon pays. Vous allez me parler du respect dû à la justice. Au temps où elle prétendait procéder d'un principe supérieur et demandait à un Dieu ses lumières, je conçois que les croyants s'en remissent à celui-ci du soin de l'empêcher de se tromper. Mais il n'en est plus ainsi. J'ai affaire à de braves gens, qui ne se prennent plus pour illuminés d'en haut, à des gens comme vous et moi, de bonne foi d'ailleurs, j'en suis convaincu. Comme nul n'est censé ignorer la loi, je sais fort bien les conséquences de ce que je dirai devant eux. J'ai donc le droit de mesurer, suivant les conseils de ma conscience que je n'ai aucune raison pour humilier devant la leur, que je dois écouter, plutôt que de m'en remettre à la leur, si je la sais mieux éclairée que celle-ci. Tout cela est très net, Monsieur, et il faut n'avoir jamais réfléchi pour ne s'être pas aperçu qu'il n'est pas d'action mauvaise en soi, fût-ce le parjure sur l'immoralité de quoi on semble cependant d'accord. Et la raison en est très simple. L'absolu, en morale, est un mythe; tout est relatif. Il suffit pour qu'un acte devienne louable de criminel, qu'il en évite un plus criminel encore. Mais on n'arrive pas à cette conception cependant limpide des choses sans bien des révoltes. Je vous jure que ça me fut dur et que je tremblais comme pris d'un remords dont l'injustice m'indignait.

Cependant quand on me demanda : Avez-vous vu l'assassin? j'ai répondu de ma voix la plus ferme : Non !

Et Monnereux fut acquitté parce que je m'étais fait son juge.

LA COMTESSE ÉLIANE

I

Un matin d'automne, roulant dans ses brises, de blanches poussières d'aube se confondant avec le pâlissement des étoiles ; six heures environ, car un *Angelus* aigrelet et semblant déchirer avec effort l'air alourdi de brumes, montait du village sis en contrebas du château ; une grande mélancolie dans le parc, dont les hauts arbres rêvaient sur leur couronne tombée et qui à peine d'or, s'était détachée de leur front comme pour nous montrer que les verdoyants rameaux du myrte amoureux et du laurier-poète sont une meilleure coiffure que

celle des rois ; un frisson d'argent courant sur
l'étang, et y laissant le sillage d'un invisible
bateau, y poursuivait les feuilles mortes et les
poussait vers le bord comme pour y mettre un
tapis de fourrure jaune et brune aux pieds frileux des roseaux. Dans le parterre les dahlias
au cœur multiple et sans parfum, les chrysan-
thèmes aux mille flèches brisées consolaient,
seuls, le fantôme des roses mortes et des lilas
évanouis, tandis que des violettes obscures et
obstinées rechantaient aux petites herbes le
poème odorant du printemps. Mais tout cela
se perdait dans le vague des choses endormies,
le jour n'annonçant encore son flux immortel
que par une écume de clarté éclaboussant
l'horizon. Seule, la grande ombre de la maison
jadis seigneuriale se profilait nettement sur
ce fond indécis et faisait masse dans le décor
flottant. Une seule fenêtre y était éclairée derrière laquelle une silhouette d'homme était
immobile. Cet homme était M. le comte de
Spaar, maître de céans, et le sujet de sa méditation matinale était particulièrement sombre.

Mme la comtesse Éliane, sortie à dix heures

du soir pour faire un tour dans les allées et y dissiper une migraine persistante, n'était pas rentrée de la nuit.

II

Un ménage comme tant d'autres du même monde, que le monde bourgeois s'est mis d'ailleurs à imiter en conscience. M. de Spaar était d'une vingtaine d'années plus vieux que sa femme, ce qui ne se sentait guère tant il était demeuré beau cavalier. Le malheur, pour ces gens-là, est que la vie tout entière ne se passe pas à cheval. C'était un gentilhomme ayant vécu mais ayant conservé d'excellentes façons avec les femmes, durant le jour au moins. Quant à la comtesse Éliane, c'était de tous points une adorable personne, greffant sur une radieuse santé tous les signes de la race, splendidement aristocratique dans la noblesse opulente de ses charmes, chevelue comme une petite-fille de Clodion, avec de belles mains blanches aux doigts effilés d'où l'aumône tombait plus lourde et meilleure. Aucun amour d'ailleurs, dans le sens réel du mot, entre ces deux êtres, dont l'un cependant pouvait être encore aimé et dont l'autre méritait les adorations d'un univers. Mais leur union était si parfaitement correcte, si complètement raisonnable, avait été si longuement prévue et méditée qu'elle n'avait pas eu besoin de passion pour se justifier et, comme la logique est avare, la passion superflue n'était pas venue. Sauf, trois mois de l'hiver, ils habitaient constamment cette propriété, le comte chassant, la comtesse lisant ou brodant, n'ayant que peu de voisins qui étaient d'ailleurs des hobereaux imbéciles d'une fréquentation sans attraits. M. de Spaar qui avait adoré plusieurs maîtresses avant son mariage, trouvait son compte à une vie méditative, qu'il remplissait de souvenirs rétrospectifs et d'exercices suivant ses goûts, Mme de Spaar semblait l'accepter avec une résignation sans effort, se plaignant quelquefois seulement de maux de tête obstinés.

Avec ces données calmes, comment M. le

comte ne voyant pas rentrer sa femme n'avait-il pas fait lever tout son domestique pour l'aider à la chercher dans le parc où elle avait pu se trouver souffrante et s'était-il contenté d'y errer seul et silencieusement toute la nuit? Parce que cet homme, qui avait conscience du vide béant sous cette tranquille félicité, et qui était sceptique comme tous ceux qui ont vécu, craignait quelque découverte ridicule, appréhendait quelque accident fâcheux à son honneur.

III

Il fallut bien cependant, quand la valetaille fut levée, que l'absence de Madame se remarquât. Sa femme de chambre, en lui montant son thé, ne fut pas reçue. M. le comte avait l'air bizarre. Son plus vieux laquais, un fin drôle, se dévoua à la curiosité de l'antichambre tout entière et vint demander à son maître, avec des larmes dans la voix, si Mme la comtesse n'était pas malade. Le maître répondit par un juron. A midi, quand le boucher vint du village, il apporta une nouvelle qui accrut d'abord l'étonnement et sembla ensuite le calmer. Anselme, l'unique élève de l'apothicaire Martin, avait disparu de chez son patron depuis la veille au soir. Un rapprochement immédiat se fit entre les deux accidents. Anselme n'était-il pas venu deux fois, la veille, au château, pour apporter à la comtesse des potions antinévralgiques ? Elle lui souriait toujours en répondant à son humble salut.

Y pensez-vous !. Anselme ! un potard ! un matassin ! Quelle vraisemblance qu'une noble dame et jusque-là vertueuse trahît ses devoirs pour un lourdaud pesant du codex ! Mais le vieux laquais qui avait lu Condillac fit, dans la cuisine, une remarquable conférence à ses collègues des deux sexes. Anselme, après tout, avait vingt ans, et était un gars solide, un mâle vigoureux dont une femme du meilleur monde devait s'éprendre fatalement, en vertu de la loi qui exige le croisement des classes pour la conservation de l'espèce. Il cita les femmes illustres d'antan, à commencer par la grande Catherine, qui se faisaient couvrir par leurs valets de pied (euphémisme poli s'il en fut). Eh bien, quoi ? Eliane, — il l'appelait maintenant par son petit nom, — sans cérémonie, avait été rebutée de vivre avec un gentilhomme qui ne lui faisait pas d'enfants et avait fiché le camp avec un beau rôturier qui lui en donnerait tant qu'elle en voudrait. Elle avait eu raison. Anselme était absolument son fait, et cela seul était surprenant qu'elle eût si longtemps attendu. Ce discours, qui flattait les basses revendications qui sont au cœur de tout ce qui sert, convainquit tout le monde, y compris le boucher qui était resté là pour l'entendre. Aussi une heure après, il était de notoriété absolue et d'évidence historique, non pas seulement dans la basse-cour du château, mais dans le village tout entier que Mme la comtesse de Spaar s'était enfuie avec un garçon apothicaire. On s'en esclaffa au conseil municipal. On télégraphia au député qui en rit aux larmes.

Et le comte ?

Eh bien, le comte qui, mieux que personne,

savait le néant de la vie que sa femme avait menée avec lui, le comte ne savait pas, le comte doutait. Dans tous les cas, sa présence dans le pays devenait impossible. Deux jours après il avait quitté le château et regagné Paris où, n'osant non plus affronter un monde instruit de son accident conjugal, il se roula dans la crapule des filles et des déclassés.

IV

On rigola joliment tout l'hiver, dans la contrée, en mangeant, le soir, des châtaignes. Seul, Martin l'apothicaire, était médiocrement réjoui. Anselme avait emporté la caisse en se sauvant. Martin avait eu le toupet d'écrire à Monsieur le comte, à Paris, pour lui demander de l'indemniser de cette perte dont il voulait le rendre responsable. M. de Spaar ne lui avait pas même fait l'honneur d'une réponse. Ça n'était pas joli tout de même. Une femme du rang de Madame la comtesse qui poussait un garçon pharmacien à voler son patron pour l'entretenir et un gentilhomme de mari qui refusait de rendre au patron l'entretien de sa femme ! C'était du propre que ce grand monde-là ! Pauvre Anselme ! Comme il s'était encanaillé en choisissant ses amours dans la noblesse ! Il n'y avait, au fond, que lui à plaindre dans tout cela. Ces commentaires gracieux occupèrent les veillées de ces braves gens jusqu'au retour des soleils matinaux et du soir lumineux.

Avril était venu, avec du grésil aux cheveux, mais les pieds rayonnants de clarté et de chaleur. Le parc avait revêtu les verdures bruyantes de nids qui balancent au-dessus des têtes une ombre musicale. Le parterre n'était qu'un innombrable sourire de roses. L'abandon du maître avait profité à cet immense jardin où mille plantes charmantes, ordinairement parasites, avaient mêlé leur splendeur naturelle à l'œuvre des artistes en plates-bandes. Çà et là les allées étaient traversées par des églantiers sauvages. Les lichens terrestres et les mousses avaient mis des tapis de velours sur la rudesse des bancs de pierre. Le chiendent honni balançait ses longs panaches flottants au-dessus des sables que le râteau n'avait pas égalisés. Cependant un ordre arriva de tout mettre en état, Monsieur le comte ayant l'intention de parer ses propriétés pour les mieux vendre. L'étang était, en particulier, resté couvert de feuilles mortes fermant l'œil d'or des nénuphars et ne permettant pas aux flèches des roseaux de plonger leur image vacillante jusqu'au fond de l'eau. Le jardinier et ses aides se dirigèrent donc d'abord de ce côté, en sifflottant une chanson faite par le maître d'école sur le malheur du châtelain. Les feuilles s'étaient surtout amoncelées dans une anse qu'un saule protégeait de ses pleurs verdoyants et où les courants venaient mourir, leur charge déposée. C'est le point qu'on attaqua d'abord. Mais celui qui y plongea le râteau ne put retenir un cri d'effroi. Sous la jaune enveloppe, une masse s'était accrochée aux dents de son outil; des vêtements apparaissaient, puis une forme de main verte et gonflée; enfin une magnifique chevelure demeurée accrochée aux racines du saule. La comtesse Éliane était là, noyée. C'est comme ça qu'elle s'était sauvée avec le garçon apothicaire et que l'inepte petite foule du village avait fait à Ophélie l'oraison funèbre de Mme Dandin !

V

La nouvelle de cette découverte arriva trop tard pour sauver le moral du comte de Spaar d'un complet effondrement. Il était déjà perdu et la débauche avait mis d'impénétrables fumées entre son souvenir et l'image de sa femme. Une goule le possédait tout entier, et c'est à peine s'il s'émut d'une transformation des faits qui lui imposait peut-être quelques remords. Le populaire, au contraire, fit une de ces voltes-faces franches qui ne coûtent rien à sa sincérité. Il indemnisa la morte des calomnies dont il avait abreuvé sa mémoire vivante par une béatification posthume. Ce fut une canonisation en règle et la comtesse de Spaar devint une sainte, dont les vieilles dévotes ajoutèrent le nom à leurs éternelles litanies : Sainte Éliane, priez pour nous! Ce nom vénéré fut donné à une chapelle du village où une messe se dit encore aujourd'hui et où elle est invoquée comme médiatrice par les pêcheurs.

Faut-il dire la vérité? La comtesse Éliane ne mérite qu'à demi ces religieux hommages. Elle s'était volontairement noyée et aussi par chagrin d'amour. Quelque beau gentilhomme sans doute, ami de son mari et qui l'avait dédaignée? — Non! le populaire avait deviné sans avoir de raisons pour cela comme il lui arrive assez souvent. Elle aimait cette belle brute d'Anselme, ce gas robuste aux musculatures de fer; elle le souhaitait, du moins, de toutes ses forces d'épouse inassouvie : et, en trouvant cette honte au fond de son cœur, elle lui avait noblement préféré la mort.

Cette aventure se passa dans mon enfance, chez des voisins de campagne que nous avions. Elle m'inspira dès ce temps, pour les jugements du public toujours fidèles à l'ignoble, toujours rebelles à la divination des grandes choses de l'âme, un tel mépris que volontiers je lui appliquerais aujourd'hui encore ce superbe distique de Victor Hugo dans les *Châtiments :*

J'attacherai la gloire à tout ce qu'il insulte :
Je jetterai l'opprobre à tout ce qu'il bénit !

MONSIEUR MARTIN

I

Je l'ai connu dans mon enfance, et son souvenir aussi bien que celui de la scène que je vais vous conter sont parmi mes plus vieux souvenirs. Je revois, comme si c'était d'hier, la grande maison blanche, la plus belle de l'endroit, plongeant ses assises au ras de l'Ariège qui, toujours tumultueux dans sa transparence, battait ses murs avec mille lanières d'argent et lui chantait, en frôlant par places le sable, une chanson, toujours la même, mais d'une ineffable mélancolie. Derrière, une montagne nue, chauve, farouche, qui, par certains jeux de lumière et d'ombre, semblait quelquefois la surplomber et menacer son toit, quand le soleil, déclinant et se déchirant aux pics lointains, doublait chaque relief d'une tache oblique de ténèbres.

Mais ce que je revois surtout, c'est le calme et souriant visage de ce beau vieillard qu'on appelait : « Monsieur Martin » gros comme le bras à dix lieues à la ronde et qui tenait de continuelles assises sur le pont de pierre voisin de sa demeure, consulté par tous les paysans d'alentour, égayant ceux-là de ses récits, éclairant ceux-ci de ses conseils, se moquant des naïfs, mais sans méchanceté, jouant au roi d'Yvetot dans ce grand village et y jouissant d'une popularité qui débordait jusque sur les communes voisines. Grand, avec de beaux traits réguliers, bistré comme un Catalan, si bien que sa figure, déjà ridée, semblait, parmi ses cheveux blancs, une figue tombée sur la neige, très vigoureux encore et éternellement vêtu d'un velours râpé qui sentait le pourpoint, c'était une physionomie inoubliable, inspirant des sympathies confinant à l'enthousiasme.

Très brave et ne connaissant que « Dieu et son roy », il avait souvent passé la frontière pour aller guerroyer avec les carlistes, et les proscrits de la légitimité espagnole étaient sûrs de trouver un asile dans sa maison. Vous connaissez maintenant sa profession de foi politique. Elle lui venait de son père, et on n'eût pas trouvé, dans tout le département, une famille où l'horreur des idées nouvelles et l'amour de l'ancienne monarchie fussent aussi sincères et profonds, bien que les partisans des Bourbons soient encore, à l'heure qu'il est, nombreux dans ce pays.

Un seul homme était peut-être encore plus violent dans ces idées. C'était le curé d'Ornolach, l'abbé Guarrigue. Aussi, bien que plus jeune que Monsieur Martin et de beaucoup, était-ce son plus intime ami, et c'était merveille de les entendre, le soir, tout en faisant leur piquet, dire leur fait à Robespierre et à Buonaparte qu'ils confondaient dans la même bruyante exécration. Monsieur Martin entrait dans de telles fureurs qu'il en brisait sa pipe en la jetant à terre, et l'abbé Garrigue, lui, faussait régulièrement la charnière de sa tabatière en la refermant à coups de poing.

II

Une des vertus éclatantes de Monsieur Martin était sa charité. Bien qu'également bonne, au fond, et pitoyable aux malheureux, sa femme était obligée de le gronder sans cesse pour l'excès de ses générosités. Ne rentra-t-il pas, un jour, chez lui en bannière, pour avoir donné, dans la rue, sa culotte à un pauvre! Le commissaire, qui le voyait de mauvais œil, pour ses opinions anticésariennes, — car l'empire florissait en ce temps-là, — n'avait pas été loin de lui dresser un procès-verbal. Il n'avait reculé que devant le scandale d'un pareil acte de vexation. Monsieur Martin en police correctionnelle! Et s'il plaisait à Monsieur Martin de montrer son derrière! S'il était agréable à ses amis de le voir! On n'avait pas idée d'un régime aussi prodigieusement tyrannique. C'eût été une bonne fortune pour le candidat de l'opposition. Ayant tâté l'esprit public, le magistrat se tint tranquille, mais c'est devant Mme Martin que le pauvre Monsieur Martin passa en justice. Il fut condamné aux plus plates excuses et à demander pardon à la vieille bonne Marthe, qui avait entrevu ses nudités et s'était sauvée jusqu'au fond de sa cuisine en faisant des signes de croix. Il y avait d'ailleurs un peu de jalousie dans la colère de Mme Martin. Elle était encore amoureuse de son homme, la vieille, et n'entendait pas que les regards d'autrui lui volassent quelque chose de son bien.

Puisque nous allons au fond des sentiments, qu'y avait-il dans cette admirable charité de notre héros? Avant tout une nature pleine de tendresse et de pitié, l'amour vrai de ceux qui souffrent et le sublime élan qui entraîne vers eux les battements du cœur. Mais il y avait aussi une part de dévotion et d'obéissance aux préceptes de l'évangile. Monsieur Martin, et c'était la grande consolation de sa femme, était, en effet, de la plus édifiante piété. Il fallait le voir, à la grand'messe, restant levé aux endroits prescrits, plus longtemps que tout le monde, se prosternant jusqu'à terre sous le rayonnement d'or de l'ostensoir, buvant le son de la clochette dominicale, le nez enfoui dans son gros missel, ne quittant l'office qu'après de longues actions de grâces et ne sortant de l'église qu'une large étoile d'eau bénite au front. Et ses lèvres ne cessaient de s'agiter, suivant les paroles du prêtre et répétant les antiennes, les proses, les épîtres qu'il savait par cœur pour tous les jours de l'année. Il semblait que les fumées flottantes de l'encens vinssent de préférence nimber sa tête, se mêlant à l'auréole multicolore dont l'incendiait le soleil traversant les vitraux bariolés.

Mais c'était à vêpres qu'il était encore plus beau peut-être, chantant les psaumes de sa place à faire retourner les chantres, entonnant des *Magnificat* qui faisaient crépiter les barreaux aux croisées et effarouchaient les hirondelles nichées dans les creux des ogives sculptées en feuilles d'acanthe. Et au salut donc! quand le *Benedicat vos omnipotens Deus* descendait de l'autel, Monsieur Martin était illuminé de telles extases qu'on eût dit que des ailes allaient pousser à la petite redingote marron qui remplaçait, pour les fêtes religieuses, son éternelle veste de velours.

Cependant Monsieur Martin, — et c'était là grande surprise de tout le monde, — n'était pas marguillier.

III

Et je vais vous dire pourquoi il n'était pas marguillier. Il faut pratiquer, dans les villages, pour exercer cette magistrature ecclésiastique, et Monsieur Martin ne pratiquait pas. Entendons-nous : Monsieur Martin ne se confessait pas et ne communiait pas dans la quinzaine pascale, comme doit le faire tout bon chrétien qui ne veut pas vivre en continuel état de péché mortel. C'était, pour tout le pays, un sujet d'étonnement qui, pour avoir cinquante ans de date, ne s'était pas épuisé. On s'était d'abord dit qu'il allait manger le corps du Christ ailleurs, dans quelque endroit voisin où il avait choisi un directeur de conscience. Car les dilettanti en cette matière sont difficiles sur le choix de l'homme à qui ils conteront leurs faiblesses. Celui-ci est trop sévère, et celui-là trop bon enfant. On veut bien faire une pénitence raisonnable, mais non pas être rudement grondé. Jésus ne fit pas un long discours à la femme adultère et se contenta de l'absoudre sans commentaires humiliants. Il y a des malins qui recherchent des confesseurs sourds et qui bredouillent en leur parlant... Ce n'était pas le cas de Monsieur Martin. Il avait fallu se rendre à l'évidence : Monsieur Martin s'obstinait à se soustraire à un des devoirs les plus essentiels que la foi catholique impose.

La curiosité que n'excluait pas la vénération dont il était l'objet, avait groupé les remarques autour de ce fait. Des voisins avaient entendu la pauvre Mme Martin accabler son mari de reproches à ce sujet, et le supplier à genoux de ne pas damner volontairement son âme. Comment! ils avaient vieilli ensemble et ne se retrouveraient pas dans le Paradis!

Après l'avoir évangélisé au nom de leurs communes croyances, elle avait osé parler de leur amour et des effroyables amertumes d'une séparation éternelle. Elle avait pleuré et mêlé des choses de tendresse profane à ses oraisons d'apôtre! Mais lui, on ne l'avait entendu rien répondre. Des silences navrants séparaient en strophes lamentables les plaintes de la vieille femme et les faisaient pareilles aux stances d'un psaume douloureux.

On s'était fort bien aperçu aussi que l'approche de l'époque où se doivent accomplir ces dévotions essentielles de l'aveu solennel des fautes et du repas où se boit le sang d'un Dieu, changeait tout à fait le caractère de Monsieur Martin. Sa jovialité ordinaire s'éteignait et on eût dit qu'une obsession s'acharnait à lui, quelque pensée sombre dont il ne se pouvait défendre. Cela allait croissant jusqu'au jour de Pâques, qui semblait lui apporter le martyre, et il fallait bien des jours encore pour que le rire revînt à ses lèvres et qu'il parût se réveiller de ce rêve pénible, de cette implacable impression. L'hypothèse d'un remords dans sa vie n'était venue à l'esprit de personne. Il n'avait jamais quitté le pays que tout jeune pour aller se battre. Sa demeure était la maison de verre où rien n'est caché, et sa longue vie d'honnête homme respecté de tous était là pour chasser cette monstrueuse supposition.

Alors pourquoi Monsieur Martin ne faisait-il pas comme tout le monde et contristait-il à plaisir son ami l'abbé Guarrigue, qui n'en avait pas plus obtenu que sa femme ?

IV

Les fenêtres sont grandes ouvertes, et le soleil qui descend derrière la montagne met une buée de lumière dans la haute chambre du moribond. Car Monsieur Martin va mourir : il a eu ses quatre-vingt-six ans la semaine passée. Le terme de sa vie était marqué là.

Il avait demandé qu'on roulât son fauteuil près de la croisée pour y boire la dernière tiédeur du jour. A genoux, à son côté, sa femme sanglotait sur les grains de son rosaire. Nous étions tous comme elle, agenouillés, et notre livre de messe marqué à la prière des agonisants. Debout à la tête du fauteuil, l'abbé Guarrigue les yeux pleins de larmes, regardait, anxieux, son vieil ami, souhaitant, le suppliant du regard, désespérant qu'il parlât. La voix des cloches promenait dans l'air l'hymne d'espérance des *Angelus*. Un bourdonnement de *Pater* et d'*Ave* montait de tous les coins de la pièce, où les voisines récitaient leur chapelet, dans l'ombre, entassées comme des fourmis.

Tout à coup Monsieur Martin se dressa sur son séant et, d'une voix claire où se rassemblaient ses dernières forces, il parla ainsi, comme vaincu par les approches de la mort :

— J'ai à me confesser d'un tel péché, fit-il, que je l'avais gardé jusqu'ici en moi sans avoir le courage de le dire. Mais il faut que j'en délivre ma conscience maintenant, pour paraître devant Dieu.

Et comme l'abbé Guarrigue, dont un éclair

de joie avait illuminé le front approchait son oreille :

— Non! non! continua le mourant. Telle est ma faute que je veux l'avouer devant tous, comme faisaient les premiers chrétiens pour mériter plus de miséricorde par plus d'humiliation.

Et s'étant un instant recueilli, car l'effort avait épuisé ses dernières vigueurs, il reprit d'un ton plus bas, mais vibrant de remords et d'inquiétude :

— J'avais quinze ans quand on m'enrôla violemment, moi enfant, moi fils de royaliste et dont le père avait été guillotiné, pour aller combattre avec les bleus en Vendée. Je partis.

— Vous ne pouviez faire autrement, mon fils! s'écria l'abbé Guarrigue. On vous forçait et vous n'avez pas à vous accuser de cela.

— Laissez-moi dire, mon père, poursuivit Monsieur Martin, ou je ne pourrai aller jusqu'au bout. Oui, on me forçait. Aussi, là-bas, je me sentais le prisonnier d'ennemis et l'ami de ceux qu'on m'ordonnait de combattre. J'essayai de déserter : je ne pus y réussir. Alors j'agis de ruse pour servir quand même le roi. Dans les escarmouches, non seulement je ne tirais pas sur les blancs, mais si je pouvais égarer une balle sur un de mes compagnons emporté dans leurs rangs par son courage, je n'y manquais pas. On me mit plusieurs fois en sentinelle, la nuit, dans des positions éloignées. Toutes les sentinelles voisines furent trouvées mortes le lendemain; je me glissais dans l'ombre et je déchargeais mes fusils sur mes frères d'armes.

— Combien en avez-vous tué ainsi, mon fils? demanda l'abbé Guarrigue dont l'enthousiasme allumait les yeux.

— Vingt, peut-être, mon père, pendant la durée de la campagne. Vingt que j'ai assassinés lâchement.

— Et vous vous accusez de cela? s'écria le prêtre en se levant. Des brigands! des ennemis de notre foi que vous avez exterminés pour défendre la cause sacrée de Dieu et du roi! Hosanna! mon fils! Le seigneur ne peut que vous bénir, pour cette juste hécatombe, comme il bénit Samson pour avoir frappé les Philistins; comme il bénit Judith pour avoir tranché le chef impie d'Holopherne. Hosanna! vous dis-je. Votre salut éternel est scellé de ce sang maudit, et c'est portant à la main l'arme des célestes vengeances que vous allez paraître, triomphant, parmi les élus !

Et l'abbé Guarrigue était beau, en disant cela, beau de conviction sauvage, beau de foi aveugle, beau d'emportement religieux.

Mais Monsieur Martin, qui sentait que tout allait finir, Monsieur Martin, en qui la conscience n'avait pas été tuée par le mysticisme, et qui avait gardé dans l'âme l'horreur virile des trahisons, murmura, suppliant :

— Absolvez-moi tout de même, mon père, et demandez à Dieu pardon pour moi !... car, voyez-vous, vous aurez beau dire... j'ai mal fait.

MIRACLE DE NOËL

I

Ce n'est pas à la Noël d'hier assurément. Combien? Deux ans, trois ans en arrière? Je ne sais pas bien, mais la chose me fut contée par un ancien de Lorraine qui ne mentait jamais, un vieux Messin que nous avions connu au temps où l'École d'artillerie florissait en belle terre française, à peu de distance du Rhin. Ce qui est certain, c'est qu'il y avait partout beaucoup de neige cette année-là, un tapis tout blanc jeté sur la plaine, et sur les collines, un tourbillonnement confus de flocons sous le ciel gris, çà et là, des traînées opaques de gelée, et de noirs sillons par places où s'affalait le vol pesant des corbeaux. De puissantes mélancolies baignaient la campagne déserte où le son des cloches lui-même s'étouffait dans l'atmosphère cotonneuse, les notes de cuivre semblant tomber sur un lit de duvet. On eût dit que les anges, ces cuisiniers célestes, plumaient tous les cygnes de là-haut pour quelque agape mystérieuse des élus. Car vous ne croyez pas que les saints, j'imagine, se contentent comme nous, en cette nuit de résurrection, de simples dindes farcies de marrons, comme en mangent les bonnes gens d'ici-bas. Vous me direz que le cygne est un médiocre gibier, au dire de ceux qui en ont goûté. Les nôtres peut-être, et ceux du bois de Boulogne certainement. Mais vous ne connaissez pas les cygnes des grands lacs d'azur suspendus au-dessus de nos têtes, ceux dont le corps candide est habité par l'âme des poètes et qui fendent, de leur aile robuste, les profondeurs sereines du firmament. Ceux-là vivent dans une fête éternelle, et ce sont eux dont le bec noir apporte, chaque matin à l'aurore, les branches de roses dont elle se couronne, frileuse, derrière les dentelles de l'horizon, avant de nous apparaître, à nous dont le cœur vertueux aime à saluer son retour.

Il faisait donc de la neige, beaucoup de neige.

II

Dans une masure où le vent venait pleurer par les fentes des murs et du toit, près de la cheminée délabrée et sans feu, en ce soir de réveillon qui est une gaieté même pour les plus pauvres, un homme était assis le front dans ses mains qui y roulait sans doute, sous le fouet du souvenir, de sombres pensées. Appelons-le Jean, si vous voulez. Jean je ne sais qui, un proscrit enfin des terres que l'ennemi a annexées lors de la dernière invasion. Il avait refusé de demeurer sur le sol allemand, mais il n'avait pas eu le courage de s'éloigner beaucoup des lieux où avait été son berceau, où je ne sais quel espoir vague de revanche lui promettait une tombe.

Naître, vivre et mourir dans le même pays !

dirais-je en ne changeant qu'un mot à un des rares beaux vers de Sainte-Beuve. Celui-là avait fait ce rêve dont l'avait chassé la loi brutale du vainqueur et, comme Adam, il restait aux portes de l'Eden gardées, non pas par le glaive fulgurant d'un séraphin, mais par le lourd fusil d'un homme à casque pointu, sentant le suif à travers les fumées de sa longue pipe. Ceux de ces chers exilés qui ont gagné Paris s'y sont fait un sort, au milieu de la sympathie générale. Mais les autres, ceux qui ont voulu mesurer leur sacrifice en ne s'éloignant pas, ont eu souvent grand mal à vivre, le paysan étant notablement moins fraternel aux malheureux et moins patriote que le citadin. Donc Jean traînait une existence misérable entre toutes, avec l'aggravation de maux qui nous vient de ne pas souffrir seul. Sa femme, celle qui avait été la belle Charlotte, était auprès de lui. Oh ! les douces amours d'antan avant et après le mariage! La cour furtive aux réunions du dimanche, les mains pressées tendrement pendant la valse lente, les rendez-vous où l'on se saluait seulement sur le chemin, où l'on semblait s'être rencontrés par hasard! Puis la bonne vie à deux, pleine de projets et d'espérances. La layette brodée avec amour dans l'attente silencieuse du foyer d'où montait cependant une chanson. Et puis, plus rien! La guerre et le pied lourd de l'étranger broyant les moissons et les cœurs sur son passage! L'enfant attendu là-bas était venu sur la terre d'exil. Puis d'autres après qui n'avaient jamais connu le soleil souriant de la patrie. Le plus jeune avait cinq ans et se nommait André; il était tout rose et gai comme un pinson, malgré la grande misère où il grandissait. Il était, de plus, intelligent et précoce; une cendre d'or pâle, faite de sa fine chevelure, semblait flotter autour de son front.

III

Et l'homme songeait à l'époque maudite. Un seul moment de pitié de la fortune et l'on pouvait tout regagner même après les premiers désastres ! Il s'était rudement battu, lui, et, si tous s'étaient senti autant de cœur, on en serait bien venu à bout, de ces hordes triomphantes ! Il en avait tué de sa main un, deux, trois, quatre, de ces hommes aux barbes jaunes comme des fleuves sales, grisés de vin français et de victoire ; il en avait tué quatre, au moins, dans des embuscades ou en rôdant, sa carabine au poing, le long des haies, en tirailleur qui va plus loin qu'il ne lui avait été commandé. Celui qu'il avait vu tomber le mieux et de plus près était un soldat Poméranien, grand et robuste comme l'antique Goliath. Sa chute à terre avait fait un bruit sourd. Lui, avait été le contempler de près, joyeux de son meurtre, et flairer les fumées de ce sang qui était comme une rosée à la terre bien-aimée. Il avait pris, comme trophée, le sabre de l'homme, un sabre pesant qui lui pendait à la ceinture, et aussi ses bottes, des bottes phénoménales où se fussent trouvés à l'aise les pieds de l'Ogre du petit Poucet, des bottes massives et ferrées de clous, une curiosité qu'il voulait conserver toujours. Il mettrait, dans l'une d'elles, la pelle et la pincette, au coin de la cheminée, et l'autre lui servirait à monter du bois de la cave, du bois ou du charbon… Il croyait encore qu'on aurait le dernier mot avec les Prussiens !

Les bottes ont leur destin comme les hommes. Un jour, misérable et sans chaussures, Jean avait dû porter celles-là et les user sur les routes, en quête d'ouvrage, les jambes flottantes dans ces larges et coupantes gaines de cuir.

Il pensait à tout cela au coin du feu mort, quand le petit André vint le tirer par le pan de son vêtement en lambeaux, que déchira plus avant encore la main pourtant si légère de l'enfant.

— Père, faut-il que je mette mon soulier dans la cheminée, comme les autres enfants ?

— Ce n'est pas la peine! fit brusquement le proscrit.

Mais les enfants ont des obstinations charmantes. Quand tout le monde dormait, le petit André veillait seul, et, sans faire de bruit, marchant sur ses mignons pieds nus, plein de confiance en l'enfant Noël qui n'oublie pas le moindre de ses petits frères et qui leur apporte, à tous, du ciel, quelque chose dans les plis de sa jolie fourrure d'agneau blanc, il alla mettre dans l'âtre froid, non pas son petit soulier à lui, qui n'aurait pas pu contenir grand'chose, mais une de ces bottes gigantesques du Poméranien mort où le Christ, pour peu qu'il eût un peu de bonne volonté, pouvait déposer une profusion de cadeaux. Ce fut un voyage difficile pour le malheureux enfant qui traînait à grand'peine la lourde chaussure, anxieux de réveiller son père; mais son grand effort fut pour la mettre debout, afin que le petit Noël n'eût pas l'excuse de l'avoir trouvée mal placée pour ne rien mettre dedans. Car vous pensez que Jésus est joliment pressé cette nuit-là, et qu'il n'a pas grand temps à perdre pour satisfaire tout ce petit monde!

IV

Le matin est venu! un de ces matins d'hiver d'un blanc triste, sans même une buée de soleil levant dans l'air. Jean saute du lit en maugréant et écarte la pendille d'étoffe trouée qui sert de rideau à l'unique fenêtre. Il entend de petits gémissements et regarde. C'est le pauvre André qui pleure auprès de la grande botte. Le petit Noël a été méchant! Noël ne lui a rien apporté! Noël n'est donc que pour les petits Allemands?

— Petit imbécile! fait le père en haussant les épaules.

Et, d'un coup de pied vigoureux, Jean chasse dans la chambre la lourde botte qui va s'écraser le long d'un buffet vermoulu... O surprise! quelque chose roule sur le plancher gras, quelque chose qui tinte avec un bruit très gai, un bruit de monnaie jetée à terre. Jour de Dieu, une pièce d'or, à l'effigie de Louis-Philippe! D'où vient-elle, celle-là?

— Un miracle! fit la pieuse Charlotte en se signant et en redoutant, au fond, quelque maléfice du diable, pendant qu'André, soudain consolé, bat des mains.

Mais Jean croyait peu aux miracles. Il se dirigea vers la botte et la secoua par trois fois avec une curiosité furieuse A la troisième fois, un second louis prit le même chemin que le premier. Alors, il la regarda de plus près et vit que, dans le choc terrible qu'elle avait reçu contre le meuble, la botte s'était entr'ouverte au talon, celui-ci s'était fendu dans sa longueur et bâillait légèrement. De ses deux mains Jean élargit la fente de cuir et de nouvelles pièces d'or en tombèrent, tandis que Charlotte se signait de plus belle et que tous les enfants accourus partageaient l'enthousiasme d'André pour cette pluie de médailles inconnues et venues du ciel!

— Le voleur! s'écria Jean en éclatant aussi de rire, un rire nerveux d'homme qu'étouffe la joie.

Car il avait compris tout de suite. Le soldat Poméranien qui revenait de la campagne sous les remparts de Paris avait volé chez l'habitant, et redoutant la sévérité de la discipline prussienne, il avait fait du talon de sa botte une cachette pour y enfouir sa coupable fortune sous une triple cuirasse de gros cuir pressé par de gros clous. Mais l'usure avait eu raison de cette singuliere cassette!

Ce fut, je vous le dirai, une grande joie dans la pauvre maison, où l'on but à cette Noël-là, et pour la première fois depuis longtemps, un peu de vin de France, de ce vin qui réchauffe le cœur.

Mais Jean eut beau dire, la pieuse Charlotte croit encore à un miracle. Après tout, pourquoi pas? Le hasard n'est peut-être que l'inconscient intermédiaire des volontés d'en haut.

J'ai composé ce conte naïf pour les braves gens qui savent bien que, si grand inventeur de joyeusetés que je sois, aimant à rire et surtout à faire rire les autres, je pense souvent aux pauvres diables et toujours à ma patrie mutilée.

UNE DEMANDE EN MARIAGE

I

Dans un quartier du beau Paris, mais non dans une des rues les plus passagères, la haute maison s'élevait, silencieuse tout le jour, avec ses persiennes constamment fermées, d'où pendait quelquefois une fleur profanée, mystérieuse seulement pour les fillettes innocentes qui lui lançaient, en passant, un regard curieux tandis qu'un sourire obscène s'échangeait sur le trottoir, aux lèvres des badauds. N'en attendez pas de plus longue description : j'ai résolu d'être inexorablement chaste dans le mélancolique récit d'une aventure singulière et qui me laissa un souvenir ému plein de poésie. J'ai beaucoup hésité à le conter, mais j'espère y parvenir cependant, en laissant le décor dans une ombre absolue pour n'en chercher que la psychologie et, comme cette histoire est absolument vraie, j'espère qu'elle intéressera tous ceux qui, comme autrefois Christ, sont cléments aux plus misérables créatures. Encore une confession et qui n'est pas la moins difficile : nous étions trois ou quatre compagnons de jeunesse qui passions là de longues et fréquentes heures avec l'excuse de nos vingt ans et de cette griserie des sens qui fait oublier à cet âge, non pas seulement les soucis de la morale, mais même les légitimes susceptibilités du dégoût. J'oserai donc réclamer pour nous l'indulgence des Latins pour ce genre de faiblesse et je rappellerai aux sévères, après Plutarque, ce mot du vieux Caton à un adolescent qui, surpris au seuil d'un de ces temples de Vénus Meretrix, rougissait devant lui : « Apprends, mon fils, que la honte n'est pas d'y entrer, mais de n'en pas savoir sortir. » Je ne veux parler, d'ailleurs, que d'un seul d'entre nous.

II

Fernando, — je ne vous dirai que son prénom, — a laissé, bien que mort jeune, dans la mémoire de tous ceux qui l'ont connu, une figure impérissablement debout. Je le revois encore tout pareil au beau portrait de Raphaël que possède notre Louvre; front pensif qu'encadrait une admirable chevelure blonde, avec des yeux bleus et toujours mouillés de rêverie, des traits d'une délicatesse presque féminine et ce sceau de mortalité prochaine, qui semble, si le proverbe antique est vrai, un mélancolique sourire des Dieux. Originaire du fond de l'Espagne, il avait perdu sa mère de la poitrine et lui ressemblait avec l'instance cruelle des fatalités. Venu à Paris pour étudier, il s'était passionné pour nos grands écrivains, et je dois dire qu'il n'est pas un de nos poètes qui le fût plus profondément que lui. J'ai précieusement gardé, comme des reliques, les vers épars dans les longues lettres qu'il m'écrivait, vers français où se sentaient les hésitations d'un idiome étranger, mais pleins cependant d'une saveur extraordinaire, vers d'amour poignants comme des cris de tendresse. J'ai souvent rêvé de les publier pour dresser un monument timide à sa mémoire. Si je ne l'ai pas fait, c'est que je crains qu'il faille, pour les bien goûter, l'avoir connu lui-même et approfondi sa sincérité. Pour unique parent à Paris, il avait un frère plus âgé que lui, ingénieur distingué, d'un tempérament beaucoup plus réfléchi, et qui l'aimait avec des protections passionnées, sans le comprendre cependant tout à fait, je crois. La tâche de ce mentor était d'ailleurs simple, les médecins lui ayant recommandé, avant tout, d'éviter toute contrariété réelle, toute émotion douloureuse surtout, à notre fragile ami.

III

Et maintenant comment cet être d'élite, cette créature faite d'admirables délicatesses et de sublimes besoins d'idéal, comment ce cœur de lévite, comment ce garçon, dont le cerveau était comme un magnifique jardin de lis, s'était-il fait le camarade de nos heures débauchées, à nous, âmes de ribauds débordant d'adolescentes sensualités? Plus simplement que vous ne le pouvez croire. C'est qu'il possédait, comme tous les vrais poètes, le secret de transformer tout ce qui heurtait ses yeux, portant en lui des paradis qu'il jetait sur ces géhennes comme des manteaux de pourpre sur la boue des chemins, peuplant des divines images de sa pensée les repaires étonnés de l'abjection et de l'infamie. C'est que ce qui était réalité pour nous, réalité affreuse, mais inexorablement tentante, était rêve pour lui, rêve étoilé dans lequel il marchait enveloppé de lumière,

invulnérable aux flétrissures dont nous nous
soûlions. C'est que nos parts étaient différentes dans le lot commun. Où nous cherchions la chair, il cherchait la beauté; où nous
trouvions le plaisir, il rencontrait l'amour. Oui,
l'amour. Était-elle autre que ses compagnes,
celle qui lui devait donner cette humiliante
joie? Vous le verrez plus loin. Comme impudeur elle était toute pareille ; elle n'était ni
plus ni moins souillée. C'était donc un indicible besoin d'aimer et non pas une sélection
raisonnée, ou même instinctive qui avait mis au
cœur de Fernando cette folie. Et puis c'est que,
comme tout le reste, il la voyait autrement
qu'elle n'était, avec des ailes d'ange blessées,
fleur poussée au fond d'un abîme, âme à relever par le généreux pouvoir des pardons. Le
mal ne fut pas plus tôt fait qu'il devint immense.
Car, en sa qualité d'Espagnol, il était catholique fervent, et devait, en vertu de l'inflexible
logique des passionnés, aboutir au plus inconcevable projet.

IV

Il ne nous en dit rien, à nous, plongé qu'il était dans d'ineffables délices, avec des abattements quelquefois, cependant, qui nous faisaient peur. Il était d'ailleurs beaucoup moins avec nous, et il y avait quinze jours au moins que nous ne l'avions vu, quand Marcel, — son plus cher ami, — et moi, nous reçumes une lettre de son frère nous priant de le venir voir au plus tôt. Celui-ci était très ému quand il reçut notre visite et sa voix tremblait quand il nous dit :

— Messieurs, vous savez ce que Fernando veut faire ?

— Non, monsieur, lui répondîmes-nous très sincèrement.

— Eh bien, il veut épouser cette...

Les larmes étouffèrent sa parole et nous étions nous-mêmes atterrés.

— Nous l'en empêcherons bien ! nous

écriâmes-nous en même temps, Marcel et moi.

Mais lui, sur un ton de résignation qui faisait mal :

— Non ! vous ne l'en empêcherez pas, ni moi non plus. Ce serait risquer de le pousser à quelque résolution fatale à sa vie. Vous ne le pouvez pas et je n'en ai pas le droit. J'ai charge d'âme. Depuis hier qu'il m'a dit sa résolution, j'ai passé des heures épouvantables, mais mon parti est pris. C'est une chose affreuse, mais qui vaut mieux qu'un remords éternel... Il l'emmènera en Espagne où nul ne la connaîtra, dans un pays où ses façons ne choqueront personne, parce que les mœurs françaises y sont mal connues. Elle portera son nom... le nom de notre père.

Et le malheureux s'arrêta encore. Mais il reprit bientôt :

— Je vous ai fait venir, messieurs, pour vous demander un singulier service. Vous connaissez cette... personne et vous devez comprendre que le cœur me manque pour aller lui parler de cela. Il faut cependant savoir si elle consent à renoncer à la vie misérable qu'elle mène et quelles sont ses intentions, une fois instruite du consentement que je donne à ce malheur. Veuillez vous rendre tous deux auprès d'elle et m'en instruire ensuite.

Nous fîmes un signe de tête, n'ayant pas la force de parler, devant l'inattendu de cette proposition.

— Au revoir, fit-il. Et, nous serrant fiévreusement la main, il rentra à pas précipités dans son cabinet de travail.

V

Ainsi nous étions chargés d'une demande en mariage en règle! et où, grand Dieu! Et à qui! Quand nous sonnâmes à l'huis décrié, il pouvait être trois heures. On nous introduisit dans un grand salon obscur et nous demandâmes celle à qui nous avions à parler. Un instant après, des pas légers dans l'escalier et elle apparut dans le déshabillé réglementaire avec le sourire de rigueur sur les lèvres et la fausse gaieté commandée dans les yeux. Mais, en nous apercevant, elle devint très pâle :

— Vous venez de la part de Fernando ? dit-elle, la gorge serrée par l'émotion.

— Oui, mademoiselle, lui répondîmes-nous en nous inclinant. Car, tout ce que notre démarche pouvait avoir de grotesque ayant disparu pour nous dans l'extraordinaire gravité de ses résultats possibles, nous avions pris l'attitude correcte de parents délégués pour demander une main. Nous étions, Dieu me damne, tout de noir vêtus avec des gants, ce qui était un comble en ce temps-là.

— Alors, attendez-moi un instant, fit-elle. Et, devenue grave elle-même, plus grave que nous, elle se retira vivement.

Quant elle revint un quart d'heure après, elle était très décemment vêtue d'une robe noire, et le fard avait disparu de son visage dont l'expression avait absolument changé. Elle nous dit :

— Parlez !

Et, s'asseyant, elle croisa ses deux mains sur un de ses genoux comme la Sapho de

Pradier, impénétrable dans sa pensée, muette et comme abîmée dans d'obscures méditations.

VI

Et nous avions achevé de lui dire l'objet de notre mission qu'elle demeurait dans la même attitude, toujours silencieuse, sans avoir trahi une seule impression de surprise ou de plaisir. Étonnés nous-mêmes, nous lui parlâmes alors de l'amour profond que Fernando avait pour elle, de tout ce qu'il avait souffert, de sa vie tout entière, vie si noble et si pure, dont il lui confiait le fragile bonheur.

Elle continua de nous écouter sans nous répondre, mais des larmes coulaient sur la soie de son corsage et jusque sur ses mains enlacées.

Et comme nous avions épuisé le sujet inépuisable pourtant de la passion que notre malheureux ami lui avait vouée et que, muette toujours, elle n'avait pas même relevé les yeux vers nous :

— Mais enfin, lui dis-je, vous savez qu'on craint qu'il n'attente à ses jours tant il est anxieux et désespéré! que devons-nous lui répondre?

Alors elle se leva, nous regarda bien en face et laissa lentement tomber ces paroles de sa bouche :

— Vous lui répondrez qu'il vaut mieux se tuer que d'épouser une femme comme moi.

Et simplement, mais d'un mouvement dont je n'oublierai jamais la grandeur tragique, elle nous salua et disparut, nous laissant sous une de ces émotions les plus vraies que nous ayons jamais ressenties. Car, un moment, elle avait été plus chastement belle que toutes les madones.

. . . .

Un heure après, elle avait quitté la maison, sans qu'on pût savoir où elle allait. Un an plus tard Fernando, qui avait abandonné Paris sous prétexte d'oublier, mourait à Liège d'une maladie de langueur. Le choix d'un climat absolument contraire à sa santé avait fait de son départ un véritable suicide, un suicide catholique sans mort violente. Il y a quelques jours Marcel et moi nous nous rappelions longuement cette aventure.

— Qu'en penses-tu aujourd'hui? me demanda-t-il.

— Je pense, lui répondis-je, que beaucoup sont morts pour des femmes qui ne valaient pas celle-là.

LÉGENDE SOMBRE

I

Celle-ci me fut contée par une ancienne du pays d'Ornolach, sis à quelques lieues à peine de Tarascon, dans un site merveilleusement sauvage, fermé par un triple horizon de montagnes. Était-ce l'étrangeté du paysage curieux en toute saison par son impression de solitude ? Ou bien la mélancolie automnale qui l'emplissait d'un souffle d'orage et le traversait par la flèche d'argent des torrents déchaînés ? Ou bien l'heure mystérieuse qui semblait descendre des collines avec leurs ombres accrues où flottait, vague et s'éteignant dans la nuit, la poussière enflammée du couchant? Ou peut-être plus encore, l'aspect sibyllique de la vieille qui gesticulait son récit avec cette véhémence toute méridionale qu'on est toujours tenté de prendre pour de la sincérité? Toujours est-il qu'en l'écoutant, il me semblait ouïr quelqu'une de ces histoires que les pères ont apprises eux-mêmes de leurs pères et qui, comme celle du bienheureux saint Nicolas, finissent par se chansonner. Gérard de Nerval, qui a recueilli et publié beaucoup de ces poésies populaires, — en particulier la ballade du Roy Loïs et celle de Jean Renaud qui sont deux chefs-d'œuvre, — eût certainement regretté qu'aucun rimeur sans prétention n'ait pris la peine de formuler la fable que je vais vous dire. Car je m'obstine à croire à une simple invention, bien que l'ancienne d'Ornolach m'ait juré sur la tête de tous les siens (en omettant bien entendu la sienne) que son père avait parfaitement connu le prêtre dont il s'agit. Comment donc? Ç'avait été son meilleur ami! Moi je ne garantis nullement le fait. Je voudrais seulement, en m'excusant d'être moins gai que de coutume, vous faire passer dans les épaules un peu du frisson qui me vint pendant que l'aventure se déroulait, comme autour d'un rouet mal graissé, entre les dents sifflantes, branlantes, longues et jaunes de la vieille femme.

II

C'était un prêtre irréprochable et dont la vertu austère était admirée de tous. Mais si tous rendaient justice à la pureté farouche de ses mœurs, beaucoup eussent souhaité qu'il fût moins triomphant de sa propre chair et plus indulgent à celle des autres. Car nulle tendresse n'habitait ce corps sec et immaculé, rien d'humain ne battait sous cette robe serrée aux flancs comme un cilice. Il s'en fallait bien cependant qu'un détachement complet des biens de la terre fît de ce monstre un saint digne de figurer, le front nimbé d'or, dans les théories virginales des bienheureux et des martyrs. Un vice horrible le rongeait, au contraire, le vice qui perdit Judas et le poussa, désespéré, vers le champ du potier. Il aimait l'argent, mais d'un amour épouvantable, si bien que l'aumône se séchait à ses doigts, comme un fruit brûlé avant sa maturité et que jamais les eaux vivifiantes de la charité n'avaient rafraîchi son âme. Il aimait l'argent comme on aime une maîtresse, avec de féroces jalousies, d'étranges besoins de mystère et d'infinis désirs de contemplation, le cachant au plus secret de sa demeure et l'y mangeant de caresses; et toutes les voluptés dont les ascètes, eux-mêmes, ne chassaient la tentante image qu'en se déchirant de coups de fouet, il les tenait pour de simples fumées, tant sa passion l'avait pris tout entier, dévorant en lui jusqu'aux divines semences de la pitié.

III

— Hélas! ma femme est morte hier! fit l'homme en essuyant du bout de ses doigts caleux les larmes qui lui brûlaient le visage.

— Sans sacrements! répondit le prêtre avec une indignation furieuse et en se signant.

— Elle est morte d'une fièvre de lait, en quelques heures, au moment où nous nous y attendions le moins.

— Tu n'as que ce que tu mérites. Il ne fallait pas l'engrosser.

— Nous étions mariés devant Dieu et devant les hommes.

— C'est bon. Que me veux-tu?

— Vous prier de l'enterrer demain matin. Car les chaleurs sont fortes et je ne saurais la garder davantage, malgré que j'aie le cœur brisé de me séparer d'elle, même dans cet état.

— Songe qu'elle n'a point confessé ses fautes et est indigne peut-être de franchir le sol de l'église.

— Ah! la pauvre! Elle était bonne chrétienne et je suis sûr qu'aucun péché ne lui mérite la rancune du Dieu de miséricorde.

— Je veux te croire. Donne-moi donc ton argent.

— C'est que...

L'homme balbutia et son visage devint rouge comme une brique, tandis que ses doigts tournaient machinalement sur son ventre :

— Je n'ai rien en ce moment, fit-il enfin ; les frais de la maladie ont tout mangé.

— Un voisin te prêtera.

— Ils m'ont donné toute l'assistance dont ils étaient capables.

— Vends tes frusques.

— Hélas! Il ne me reste plus que de quoi me couvrir à peine.

— Eh bien, va-t'en au diable!

Et, insensible au regard suppliant et désespéré qu'élevait vers lui le malheureux, le prêtre lui poussa rudement la porte au visage et rentra chez lui en grommelant du latin.

IV

Trois heures après, il faisait nuit sombre. L'homme était cependant encore sur le chemin du presbytère, mais il s'arrêtait de temps en temps pour se passer sur le front la manche de sa chemise, car il peinait terriblement sous l'œil indifférent des étoiles qui ne s'attendrit pas volontiers à nos misères, malgré qu'en aient dit les poètes. Il reprenait ensuite le brancard cahoté d'une brouette sur laquelle se balançait lourd et menaçant de choir à tous les accidents de la route, un fardeau de forme allongée, souple dans sa pesanteur, enveloppé d'ailleurs dans un drap qui en dissimulait la nature. Les chiens hurlaient au passage et les chouettes répétaient leur cri mélancolique dans la solitude des montagnes. Quand il fut au seuil de la maison du prêtre, il agita la cloche.

— Encore toi? M'apportes-tu de l'argent?

— Hélas! je n'en ai pas trouvé.

— Alors va-t'en !

— Écoutez-moi, je vous prie. Je vous ai menti tantôt.

— Un ami est venu à ton aide?

— Non! Mais je possédais un porc sur lequel je comptais pour me nourrir tout l'hiver, moi et mon enfant.

— Vois-tu bien!

— Je l'ai saigné moi-même en rentrant, puis éventré et bien enveloppé de linge pour le garantir des mouches. C'est lui que je vous apporte.

— J'aurais préféré des monnaies sonnantes, fit le prêtre avec tristesse, mais enfin, je prends acte de ta bonne volonté et j'accepte. Ma gouvernante descend qui t'aidera à mettre l'animal au saloir et je te promets d'aller enterrer ta femme demain. Bonsoir.

— Bonne nuit, mon père, et merci! répondit la voix sombre du paysan.

Un instant après, délivré de son fardeau, il se sauvait, comme un fou, à travers les champs, perdu dans l'ombre où le bruit précipité de ses pas était emporté par une clameur de sanglots et de malédictions.

V

— Jésus, mon Dieu! s'était écriée la gouvernante en dépouillant, dès l'aube, de son enveloppe blanche, le présent du misérable.

Le prêtre était descendu tout pâle, en entendant ce cri. Il faillit tomber à la renverse en se trouvant devant le corps découvert d'une morte dont les jambes et les bras avaient été repliés de façon à diminuer la longueur du cadavre et à en modifier l'aspect extérieur sous le vague du suaire. L'homme s'était vengé par cette mystification terrible et pratique à la fois. Car il n'y avait plus à reculer ni à demander de l'argent, il fallait enterrer cette femme ! Sa présence dans le presbytère était, à tous les points de vue, un danger. L'avare subit cette nécessité cruelle. Mais ce ne fut pas tout son châtiment. Un changement se fit en lui, terrible, et que tous remarquèrent bientôt. Pareil à un homme hanté par quelque vision impitoyable, il devint insensible à ce qu'il avait le plus aimé, à cet argent qui l'avait perdu. L'énergie de thésauriser était morte en lui avec toutes les autres, et ce ne fut plus bientôt qu'une ombre douloureuse s'effaçant dans la nuit du désespoir. Il mourut sans avoir voulu qu'aucun de ses confrères vînt recevoir sa confession et lui poser les saintes huiles. D'aucuns ont prétendu que la vue de cette femme nue et toute blanche, moissonnée en pleine jeunesse et belle encore sous le masque clément de la mort, avait fait surgir en lui tout un monde d'impressions violemment remuées et réprimées jusque-là. Mais rien n'est moins certain que cette hypothèse, et j'aime mieux, pour ma part, penser qu'il succomba sous le remords de son avarice.

Mais n'est-ce pas que voilà un beau sujet de complainte, et qu'il y avait là matière à quelque ballade comme les aimait Gérard de Nerval?

VENGEANCE DE MARI

I

Ce que c'est pourtant que de nous ! Avoir été un des plus sémillants officiers de la garde royale, porter un nom fameux au temps des croisades, s'être entendu comparer à Lauzun, posséder un coffret plein de souvenirs de femmes, et vieillir seul, dans un château abandonné, n'ayant pour compagnie que de grossières gens ! Ce sort épouvantable était cependant, il y a quelques années, celui du marquis Laugier de Fizolles un ancien beau, un ancien brave, un double débris ! Lui-même s'indignait quelquefois de cette trahison de la Fortune, las qu'il était de contempler, au-dessus des portes de son castel, le fier blason des ancêtres écorné et rongé par les mousses, ou bien de poursuivre mélancoliquement un lièvre dans les avenues d'un parc aux allées herbeuses, aux taillis mal peignés. Alors le regret de ne s'être pas marié comme tant d'autres lui venait, bien que la pratique d'une vie orageuse lui eût donné de la vertu des femmes une opinion engageant peu à nouer avec elles des nœuds éternels. Il les avait beaucoup aimées, celles des autres, s'entend, et elles le lui avaient beaucoup rendu, aux dépens des autres, s'entend encore. Mais tout ne valait-il pas mieux que cette solitude désespérée dans un coin de province ignoré des touristes eux-mêmes, et auquel les géographes, qui ne sont pas difficiles, pourtant, refusaient jusqu'à leur estime!

A force de méditer sur ce thème douloureux, le marquis en vint à concevoir une idée qui aurait dû lui mériter une bonne loge au grand théâtre de Charenton, celle de réparer l'ancienne omission et de se refaire l'existence autrefois manquée, l'existence à deux, pleine de soupçons et d'angoisses, mais aussi de tendresses et de pardons. Il se dit d'ailleurs, qu'ayant beaucoup étudié sur le vif les ressources de la fourberie féminine, il en aurait plus aisément raison qu'un autre, car il était décidé à veiller de près sur son titre, ne tolérant pas même la pensée d'un accroc à l'honneur de son nom. Il se dit encore et enfin qu'en élevant à lui une jeune fille sans fortune, sans naissance, sans espoirs heureux, il obtiendrait de sa reconnaissance la fidélité qu'on ne saurait quelquefois demander même à l'amour.

Et c'est par cette suite de raisonnements absurdes que le marquis Laugier de Fizolles fut conduit à demander un jour solennellement la main de Mlle Ève Mitonnet, fille du sieur Mitonnet, avoué à Charançon-sur-Orge, lequel Mitonnet fut trop heureux de se débarrasser de sa race dans des conditions si inattendues.

II

Ève n'était ni brune ni blonde, mais elle était brune et blonde à la fois, ayant sur des cheveux bruns d'admirables reflets d'or et dans des yeux foncés de pâles et mourantes étincelles. Ce genre de beauté double, équivoque, malaisée à définir est particulièrement redoutable. Il y a de tout dans ces natures complexes, des caresses infinies et des colères redoutables. Mais il y a surtout un instinct perfectionné de trahison, un don d'hypocrisie rare même chez ce sexe dont la tromperie est le véritable élément. Heureuse d'être madame la marquise, Eve résolut de rendre heureux monsieur le marquis, et elle y parvint sans grand'peine, le pauvre vieux buvant, comme un rayon de soleil ou comme un verre de vin réchauffant, le rayonnement tardif de cette éclatante jeunesse. Comme il se soûlait à pleins regards de cette crinière opulente aux fauves lumières, de ce beau teint mat aux éburnéennes blancheurs, de ces chairs roses et fermes enfermées dans de si harmonieuses lignes ! Comment eût-il pu, d'ailleurs, souffrir de ce qui faisait sa joie, en devenant jaloux de tant de charmes? Il habitait seul, avec sa jeune femme, le moins fréquenté des châteaux, sans amis, sans visiteurs, sans voisins, dans une façon de Thébaïde où se complaisait son rêve.

Il en fut du moins ainsi, jusqu'au jour où son vieux-camarade, son plus cher compagnon d'autrefois, officier aussi de la maison de Charles X, le comte Chatillon de Boisbaudry, lui adressa son neveu, colonel de hussards, que le hasard des garnisons envoyait dans le chef-lieu du département. Confiant dans une compagne aussi tendre pour lui qu'Ève, tout au souvenir d'une affection douce et virile à la fois, M. Laugier de Fizolles reçut à merveille le nouveau venu, lui ouvrit sa maison toute grande, en fit son hôte ordinaire. Ce fut, de vous à moi, une grande sottise qu'il fit.

III

Il fut près d'un an sans s'en apercevoir. On s'habitue au danger d'autant plus aisément qu'on ne le voit pas. C'était son cas. Il fallut pour lui ouvrir les yeux la surprise de signes d'intelligence entre le colonel et la marquise. Alors il surveilla, observa, espionna. Mais je vous ai dit qu'Ève était une femme plus fine que presque toutes les autres. Il en fut pour ses humiliantes démarches et ses maladroites embûches. Et cependant, comme au fond il n'était pas une bête, il ne doutait plus. Il se dit alors que le piège le plus grossier et le plus usé était peut-être encore le meilleur. La naïveté est la meilleure arme contre les malins. Il est rare qu'ils la soupçonnent. Ce qui est trop simple n'entre plus dans leur esprit. Il imagina des affaires de famille à débrouiller chez des notaires de Paris et annonça son départ. Tout avait été si bien préparé qu'on y crut. On y crut bien davantage encore quand un valet envoyé par Ève sur les talons du marquis, vint annoncer qu'il l'avait vu, de ses yeux vu, monter en wagon, ce qui supposait chez ce subalterne, un don d'ubiquité bien merveilleux, attendu qu'il était demeuré à deux lieues de la gare, dans une auberge, à jouer au bouchon. Le colonel lui donna deux louis pour ça, ce qui, avec les dix sous qu'il avait gagnés dans l'auberge, lui fit une jolie journée.

J'insisterai peu sur ce qui se passa après, n'ayant qu'un goût médiocre pour la paille humide des cachots.

Je vois cependant, dans le petit salon de la marquise, un brillant officier fort empressé autour d'elle. Il est minuit et tous les domestiques sont couchés. Il conjure... Que demande-t-il? Je ne veux pas le soupçonner. — Plus tard! plus tard! a-t-on l'air de lui répondre. Ève se lève et retourne à son piano grand ouvert. Elle exige que le colonel se tienne debout auprès d'elle. Tiens! le grand duo des *Huguenots*. Elle chante et veut qu'il chante aussi. L'emportement de ce divin morceau les affole et leurs voix vibrantes d'amour en exhalent, avec un frémissement superbe, les accents passionnés. L'art est venu à la rescousse de leur tendresse et l'enfièvre. Ils tombent dans les bras l'un de l'autre, mêlés dans un baiser furieux. Le colonel presse la taille de la jeune femme. Est-ce une illusion? Ils dansent, ils tournent, ils ont le vertige, et c'est sur un pas de valse qu'ils disparaissent derrière la vieille tapisserie qui sépare cette pièce de la chambre de madame la marquise.

IV

La plus vulgaire discrétion nous interdit de les y suivre.

Nous les attendrons donc dans le petit salon maintenant désert où des roses effeuillées roulent sur le tapis parmi des partitions déchirées. Voilà près d'une demi-heure que la petite horloge de cuivre repoussé, trouble, seule, de son balancement monotone, un silence plus monotone encore.

Mais quel fracas !

— Obéissez ! ou vous êtes mort !

C'est la voix du marquis, redevenue jeune et formidable par la colère, qui a dit ces mots.

Et la tapisserie se leva de nouveau et le marquis, tout de noir vêtu, tenant deux pistolets en joue, apparaît précédé de sa femme et de son coupable ami, dans une tenue d'une nocturne familiarité. Il leur fait signe de s'approcher du piano, sans interrompre un instant la double menace de son arme abaissée, puis il s'assied, toujours dans la même attitude, et d'un ton presque gracieux :

— Colonel, fait-il, vous avez une voix de ténor qui m'a paru charmante. Veuillez recommencer avec madame et, pour moi cette fois, le duo que vous avez si bien chanté tout à l'heure.

Que faire ? Le colonel était brave et eût mille fois préféré pour lui-même la mort à cette série d'humiliations. Mais sa mort était le scandale et la réputation de la marquise foulée aux pieds des manants. Peut-être, à force de soumission, désarmerait-il son bourreau, quitte à s'en venger plus tard! Il obéit, Ève s'étant machinalement remise au piano.

Ah! mes amis, quel spectacle! Ombre de Meyerbeer, voile-toi! Quel Raoul et quelle Valentine! Ève échevelée était encore dans le désordre de sa toilette et laissait des larmes de rage mouiller sa poitrine nue. Mais un homme en chemise est toujours parfaitement ridicule. Vrai, ce pauvre colonel en bannière était irrésistible. La perruche de la marquise en faillit perdre la rate. Le « Oui, tu l'as dit! » fut particulièrement hilarant. Jamais profanation d'un chef-d'œuvre ne fut plus complète.

— Il me semble que vous étiez plus en voix tout à l'heure, dit simplement le marquis quand ils en arrivèrent, haletants, à la dernière mesure. Mais vous danserez bien aussi un peu, toujours pour moi? — Obéissez, ou vous êtes morts. — Je regrette beaucoup de ne pas savoir la valse, mais je vous serai fort obligé d'exécuter une gavotte sur le petit air que je vais vous siffler.

Et, tandis que l'impitoyable vieillard rythmait, de ses lèvres fiévreuses et d'un souffle inégal, les cadences surannées d'une danse d'antan, on les vit, lui le malheureux colonel décidé à aller jusqu'au bout pour sauver sa complice, et elle, la splendide créature, obéissant comme une automate et sans volonté, esquisser, dans un frémissement de linge blanc, une série de pas grotesques.

V

— Et maintenant, allez-vous-en! Vous pouvez emmener cette femme, si bon vous semble, car je la chasse!

Tel fut l'arrêt qui suivit ce curieux divertissement.

Le marquis avait-il mesuré toute la rigueur de sa vengeance et l'infernale cruauté de sa fantaisie? Je ne le sais pas. Mais le colonel et la marquise condamnés à vivre de la même réprobation sociale, ne peuvent plus se regarder en face. De s'être vus ridicules, ils se sont devenus irrémissiblement odieux. Ce faux ménage est une succursale de l'enfer.

Mais leur juge n'est guère moins à plaindre qu'eux-mêmes. Plus morne, plus abandonné, plus désespéré qu'autrefois, il passe des journées entières à regarder le piano de la marquise, sifflotant mécaniquement, et avec un air stupide, la gavotte qu'il lui fit danser avec son amant, tandis qu'une larme, pointe au coin de son œil gris sans avoir jamais la force de couler.

Cherche qui voudra ce qu'il y a dans cette larme!

LA BELLE SARAH

I

Comme tous les ans, la fête de Neuilly s'étale dans toute la longueur de l'avenue bordée de maisons qui commence aux verdoyants ombrages de Gillet pour se terminer à la rue de Longchamps, célèbre par la demeure du grand poète Théophile Gautier. Pour un explorateur vulgaire, cette solennité foraine présente absoument le même aspect que les précédentes, mais non pas pour un passionné comme moi des tréteaux en plein vent et des artistes bohèmes. Certaines industries se meurent et d'autres pullulent. La femme colosse n'est plus qu'un mythe, un rêve d'Orient envolé dans la fumée d'une cigarette. On m'a montré, sous ce titre glorieux, de pauvres efflanquées dont un vrai sultan ne donnerai pas quatre sous. Ça des molets! Allons donc! J'en ai vu d'autres, compère, et tâté aussi, ne vous en déplaise. Vous avez pesé ces dames avec des kilos de carton. En revanche, les ménageries sont envahissantes. J'en ai compté cinq sur mon chemin, d'où le rugissement des lions épouvantait les rosses des fiacres promenant, à pas lents, des demoiselles très distinguées qui jouaient du mirliton, après avoir eu des prix de piano au Conservatoire. C'est étonnant ce que les lions se reproduisent maintenant en captivité. Tant mieux! nous pourrons un jour en repeupler le désert, qui a perdu tout caractère depuis les scandaleux travaux de Bombonnel et de Jules Gérard, comme les jardiniers anglais qui achètent fort cher les crapauds qu'empalaient stupidement les nôtres. A moins que le roi des animaux n'entre décidément dans la vie domestique, ce qui ne me paraît pas impossible, étant donné le degré de docilité auquel l'amènent les dompteurs. Faire ouvrir la porte à un huissier par un de ces animaux me semble une fantaisie digne d'un bon gentilhomme. Cependant, le dompteur reste pour moi un être inutile et même pénible. Ce n'est pas une raison parce qu'une bête est superbe pour la turlupiner odieusement et je me plaindrais volontiers, comme le poète Sully Prudhomme,

Qu'on osât outrager la majesté des bêtes,

en faisant une exception en faveur des bêtes humaines qui n'ont aucune majesté.

II

J'avais parcouru deux fois, dans toute leur longueur et de chaque côté du trottoir, les rangées de baraques qu'interrompent seuls les tournoiements de chevaux de bois, m'arrêtant aux stations obligées de tout badaud consciencieux, devant les arènes athlétiques de

Marseille jeune (en voilà un dont la jeunesse dure longtemps), devant le théâtre Cocherie qui a l'importance d'un ministère, devant le théâtre actuellement dirigé par Becker, qui a eu tort de renoncer à la pantomime où il promettait un petit Deburau. Je cherchais, je l'avoue, quelque chose. Quelque chose? Non, quelqu'un. Une dompteuse de serpents dont les façons originales et l'allure étrange m'avaient intéressé depuis deux ans. Brune, élancée, avec des jambes de Diane et je ne sais quoi de farouche dans l'irrégularité charmante des traits, la belle Sarah n'avait pas sa pareille pour enrouler autour de son cou d'énormes reptiles et amener leurs petites têtes plates jusqu'à ses lèvres sans le moindre geste de dégoût. Bien au contraire, elle semblait effectuer ses exercices avec un certain plaisir, prenant des poses plastiques pour les accomplir, et composant de vrais groupes avec ses monstrueux élèves dont les lourdes écailles d'argent glissaient avec un frisson le long de son corps.

Elle avait aussi des singes, et l'un de ces

drôles était si amoureux d'elle qu'il lançait des assiettes à la tête des imprudents venus trop près de sa platonique maîtresse. Ce singe, gardien de la vertu d'une femme, m'avait fait souvent rêver. Voilà ce qui serait certainement plus utile à propager, dans notre société, que les lions. Donc je cherchais et me désespérais. Car j'avais bien vu le nom de la belle Sarah prostitué sur plusieurs enseignes, mais non pas la créature troublante dont le souvenir m'était resté. Ceux qui aiment vraiment les femmes, — et je les plains, — se trompent rarement dans l'intérêt qu'ils portent, à première vue, à quelques-unes. Les destinées se lisent sur les visages. Je n'en veux pour preuve que la tragique aventure qui me fut contée sur celle-ci par une façon de vieux pître qui connaît à merveille tout ce monde forain et que j'ai élevé à la dignité d'ami. Découragé, je finis par l'interroger sur la belle Sarah, et voilà ce qu'il me narra dans un français pittoresque auquel je ne me crois pas obligé de demeurer fidèle.

III

J'avais deviné juste : cette Sarah n'était pas une fille comme une autre, ou du moins comme les autres du même métier. Élevée, comme toutes ses pareilles, dans une certaine promiscuité crapuleuse, elle n'en avait pas paru souillée. Mieux que le macaque épris de ses charmes, une certaine fierté d'âme l'avait défendue, une certaine fierté et le mépris des brutes parmi lesquelles elle était condamnée à vivre. Exploitée par un vieil impresario de carrefour qui ne faisait pas grande attention à elle, pourvu qu'elle fît consciencieusement recette, elle avait rebuté tous les goujats qui lui avaient fait une manière de cour et ri au nez des quelques messieurs qui lui avaient offert un ou deux louis pour dix minutes de rendez-vous.

Elle n'avait pas seize ans, d'ailleurs, et il était visible que les sens n'étaient pas encore nés en elle. Il y avait, pour ne la pas trop rehausser, beaucoup d'enfantillage dans sa vertu. Car ne vous imaginez pas une vierge farouche! Elle riait, comme une autre, d'une malpropreté, et aimait trinquer avec un verre de vin bleu. Quand on porte toute la journée un maillot qui simule la nudité jusqu'au ventre et que pouvaient pincer tous les malotrus en passant, à l'heure du spectacle, on serait mal en droit d'avoir une grande affectation de pudeur. Elle avait le rire voyou des filles de barrière, mais ce rire ne lui montait pas jusqu'au front qu'éclairait une fleur presque aristocratique de rêverie. Étrange créature! comme je vous ai dit, et qui faisait prévoir mille bizarreries du destin.

Ce qui demeure typique, c'est qu'elle n'avait jamais eu d'amant et ne paraissait pas en souhaiter. Ce fut au moins ainsi jusqu'à l'hiver dernier, où elle rencontra, à Toulouse, l'homme qui devait lui apprendre les douloureuses joies dont on vit toujours en attendant qu'on en meure quelquefois. Inutile d'ajouter qu'elle était là en représentations foraines, achevant sa tournée d'hirondelle avant que le printemps la ramenât et ne se doutant guère qu'elle y était attendue par la fatalité.

III

C'était un soldat du génie, un simple soldat de vingt ans, qui n'avait rien de bien héroïque dans l'aspect, mais dont les yeux d'un bleu clair reflétaient un mélange de douceur et de fermeté, un petit soldat pareil à tous les autres pour qui ne l'eût pas bien regardé. Il possédait quelque éducation et cette timidité avec les femmes qui est le fait de ceux qui les aiment le mieux. Sans avoir encore d'expérience, celles-ci devinent souvent ce que cette jobarderie apparente cache de vraie passion. Ça avait été le cas de la belle Sarah. Leurs doigts s'étaient rencontrés seulement quand, fidèle à toutes les séances, il déposait en sortant ses six sous dans la main de la charmeuse. Leurs yeux s'étaient rencontrés, et ça avait été dit. Un jour, avant l'heure de la représentation, elle, en désordre et les cheveux sur les épaules, ils s'étaient rencontrés, comme par hasard sur la promenade, et ils avaient marché longtemps à côté l'un de l'autre sans oser presque se parler.

Ce n'est pas pour les pauvres clercs que sont faites les idylles. Ils avaient tout de suite parlé de l'avenir comme ceux qui sentent leur amour immortel. Quand il quitterait le service, son congé fini, elle abandonnerait ses reptiles et ils vivraient ensemble, bien loin, dans son pays, à lui, où il avait de quoi manger pour deux, en travaillant. Ils avaient tous deux les larmes aux yeux en se séparant, mais elle lui promit de le revoir, le spectacle fini, à onze heures. Le patron se couchait sans s'inquiéter d'elle, et ils auraient un bout de temps pour se répéter toutes ces douces choses. Jamais la représentation ne parut si longue à la pauvre enfant. C'est avec une sorte de colère qu'elle fit tous ses exercices, brutalisant ses boas étonnés et les tordant autour d'elle avec une rage impatiente. Les petits yeux de ceux-ci jetaient des flammes et leurs langues fourchues dardaient dans l'air de petites flèches noires. Enfin la dernière séance s'acheva ; l'heure sonna, tant attendue, et l'impresario, après avoir compté l'argent, se retira, en grognant, dans la voiture verte, à laquelle la tente était adossée et que fleurissait un serpentement de volubilis fermés par la nuit.

Elle demeura dans la baraque, sous prétexte d'y effectuer des rangements nécessaires. Roméo fut bientôt près de Juliette. Il entra avec tant d'impétuosité qu'il fit choir la lampe posée sur la grande caisse où les reptiles dormaient sous des couvertures. Mais qu'importait l'obscurité! Ils portaient dans leurs yeux des étoiles aux lumières aimantées. Ils furent bien vite dans les bras l'un de l'autre et, après cette première étreinte où se confondirent un instant leurs âmes, elle le repoussa doucement et tous deux s'assirent, côte à côte, sur un banc, tournant le dos à la caisse des serpents. Faut-il répéter les mots qui leur vinrent aux lèvres? Malheureux qui ne les retrouve dans sa mémoire! Faut-il redire les caresses timides et brûlantes qu'ils échangèrent dans le silence? Plus malheureux celui qui n'en sent encore le frisson sur sa bouche! Leurs bras s'étaient de nouveau enlacés ; ils étaient poitrine contre poitrine, haletants, éperdus, mêlés.

— Ah ! que ne pouvons-nous mourir ainsi ! dit-elle dans un soupir.

Un étouffement la prit et elle sentit contre son cœur un râle. Leurs deux têtes se renversèrent subitement en arrière, tandis qu'un même nœud serrait leurs deux cous, et qu'une chaîne lourde et flexible, écrasant leurs échines, enveloppant leurs jambes enlacées, faisait craquer leurs os et broyait leurs chairs confondues. Leur dernier soupir s'exhala dans le même souffle, comme elle l'avait souhaité, et ce fut une masse inerte, sans nom, sans forme, qui demeura par terre toujours pressée dans d'inflexibles anneaux.

La lampe, en tombant sur la caisse, y avait mis le feu sans qu'ils s'en fussent aperçus. Le bois avait brûlé lentement, puis, les couvertures avaient commencé à se consumer sans flamme. Cette chaleur inattendue avait rendu aux reptiles délivrés toute leur vigueur, et c'était le boa constrictor, le plus gros de la ménagerie, celui que la belle Sarah avait maltraité une heure auparavant, qui se vengeait en l'étouffant dans les bras de son amant.

— Belle mort tout de même! fit le vieux pitre en achevant son récit.

Je suis absolument de son avis. Il n'est pas de meilleur moment que celui-là pour mourir.

LE BUIS

I

Bien qu'il eût à peine quarante ans, — comme je l'appris depuis, — quand un caprice de ma tante Marguerite en fit sa paroissienne, il en paraissait cinquante, au moins, tant sa chevelure épaisse était mêlée d'argent, et c'est dans ses bons moments seulement qu'on pouvait retrouver dans l'éclat de son regard et dans l'ingénuité de son rire un peu de sa jeunesse voilée.

Comment était-il simple curé du petit village d'Étiolles, instruit comme il l'était, distingué de manières et de visage, gardant visiblement les façons d'un homme ayant de la naissance? Personne n'avait jamais osé le lui demander, par crainte d'abord de lui donner l'idée de quitter un pays où il était aimé même des moins croyants.

Une disgrâce peut-être, encourue, on ne sait comment?

Peut-être sa volonté et le goût des roses trémières, dont il possédait une collection superbe, unique objet de son orgueil?

N'allez pas croire, au moins, à un héros de roman.

Non. Il avait tous les menus ridicules communs aux hommes de sa profession, une physionomie volontairement onctueuse, une grande maladresse de gestes dans la vie ordinaire, cette façon chantée de parler qu'on prend au séminaire, une bonne dose de préjugés stupides, l'habitude de se croiser les deux mains sur le ventre, après son dîner, et de moucheter de tabac à priser le devant de sa soutane.

C'était un vrai curé de village et rien de plus.

Il appartient, en effet, à bien peu de tempéraments de déchirer, avec leurs ongles, le voile uniforme et l'impénétrable manteau que jette la prêtrise sur la foule obscure de ses élus. Il avait jusqu'à cette gaieté factice, la seule possible à des hommes qui font vœu de ne s'amuser que d'innocentes plaisanteries et de ne pouvoir écouter, dans le monde, que ce qui se dit devant les femmes et les enfants.

J'avais une douzaine d'années alors, et, comme tous les autres se cachaient de moi pour se dire, entre eux, des choses inconvenantes qui me faisait crever de rire, j'aimais beaucoup l'abbé Marcel qui paraissait franchement se divertir lui-même sans plus savoir que moi. Je le tenais pour un joyeux compère, d'un commerce infiniment agréable, pour un bon vivant, car il avait aussi la pointe de gourmandise inhérente à son saint état et qui me semble compenser bien mal les désirs défendus.

Aussi je fus certainement l'enfant le plus surpris du monde, quand, entrant à l'improviste dans son cabinet, après la grand'messe du jour des Rameaux, pour lui apporter une offrande de ma tante Marguerite, une superbe paire de pantoufles en tapisserie, je le vis vivement porter son mouchoir à ses yeux rougis de larmes récentes.

Son crucifix était sur sa table, et, par terre, sur les plis de sa robe noire, gisait un morceau de buis béni. Je me penchai pour le ramasser, il m'en empêcha d'un geste, très doux, mais très ferme de sa main. Je sortis tout interloqué après lui avoir remis mon présent.

II

Un paysage d'hiver, tout blanc de neige avec des dentelles de givre aux buissons; le mur d'un parc long et nu, surplombé par la désolation des branches dépouillées et noires. La nuit tombante, une nuit hâtive et grise n'ayant glané aucune étoile dans les champs arides du ciel, le silence frileux des campagnes désertes où ne sonne plus le pas rythmique des travailleurs.

A l'horizon, la silhouette d'un hameau découpant le fond de lumière indécise du couchant. Un jeune officier, enveloppé dans son manteau, arrive au grand trot de son cheval et met pied à terre auprès d'une petite porte basse, rayée par la glace de bavures argentées comme celles des limaçons.

Pas d'autre bruit que la respiration haletante de sa monture dont les naseaux projettent, en cadence, un bruit tiède. Tout à coup, la petite porte s'ouvre avec un grincement de ferrailles rouillées et une forme s'en dégage. Une forme inquiète et noyée dans les indécisions d'un vêtement drapé où elle se perd.

Le jeune homme étend les bras vers elle et l'étreint avec je ne sais quel râle délicieux dans la gorge. La tête plonge dans le voile où deux lèvres lui rendent son baiser et d'où jaillit, dans un échevèlement subit et superbe une longue tresse noire, plus noire que la nuit.

Il fouille de la bouche dans cette ombre pour y trouver le beau front poli qu'elle enveloppe, les yeux dont les cils se reploient sous un adorable chatouillement, les joues dont la chaleur décèle la rougeur charmante dans l'obscurité discrète, la bouche surtout, la bouche entr'ouverte, aux dents serrées par les douces convulsions de l'extase, aux gencives froides, le désir en ayant emporté tout le sang au cœur.

Combien dura cet enchantement fou? Qu'importe! On vit des siècles en de pareils moments. On doute si l'on vit. De telles caresses portent en elles une éternité de délices. Qui n'a senti sa vie se confondre ainsi dans une vie, et son être se mêler à un autre être sur des lèvres nouées par le baiser, a le droit de maudire les stupides hasards qui l'ont jeté ici bas!

III

La nuit était tout à fait venue et ils étaient encore dans les bras l'un de l'autre, n'ayant guère parlé, bien qu'il se fût passé longtemps ; des lumières s'étaient allumées aux fenêtres du hameau qui traçaient comme une constellation pâle au bord du ciel. Une heure tinte dans le lointain, je ne sais vraiment laquelle, mais un double soupir monte de leur poitrine ; ils se regardent comme on se regarde dans l'ombre en la perçant pour se voir mieux et plus profondément que pendant le jour.

Alors elle s'arrache de lui, et, ayant tout oublié, même que l'âpre hiver avait tué toutes les fleurs, elle se baisse pour en chercher quelqu'une à terre qui lui fut laissée en souvenir du lieu où ils s'étaient juré d'être l'un à l'autre à jamais.

Sa main n'ayant rencontré qu'un maigre rameau de buis demeuré vert sous la froidure, à la bordure du chemin, elle le cueillit et le lui donna après l'avoir serré longtemps sur sa bouche.

Un instant après, la petite porte s'était refermée, gémissant sur ses gonds, et les pas d'un cheval au galop emportait l'âme du dernier bruit.

IV

C'est bien plus tard seulement, — vingt ans peut-être après — que le colonel Guy de Méri, qui était venu passer quelques jours à la campagne chez ma tante Marguerite à qui il avait fait autrefois la cour, et qui avait reconnu dans l'abbé Marcel un camarade de Saint-Cyr, nous conta que ce pauvre curé d'Étiolles avait aimé désespérément une ingrate qui ne l'avait pas attendu et qu'il s'était fait prêtre par chagrin d'amour.

Qu'on croie ou non aux discours de l'Évangile, c'est une fin moins humiliante pour les grandes passions, que les crapuleries de l'absinthe et de la prostitution. Ce sera toujours une supériorité des hommes de foi sur les autres d'avoir cet idéal, menteur ou non, ouvert devant leurs désespoirs.

L'amant meurtri s'y jeta à corps perdu, avec l'effusion douloureuse d'une âme vraiment sincère et la volonté d'oublier toutes les tendresses humaines dans l'amour du crucifié.

Le temps ayant fait son œuvre de pitié, il était parvenu à tuer en lui l'aiguillon du désir et à émousser les flèches des inutiles regrets. L'image même de celle par qui il avait tant souffert, avait pâli, sous son front, perdu dans le rayonnement des nimbes virginaux enveloppant, de leur cercle d'étoiles, la tête de Marie.

Bon prêtre, il l'était dans la plus noble et la plus entière acception du mot, voué sans merci aux devoirs qu'il s'était faits et ne souhaitant, pour suprême bien, qu'une fin chrétienne.

Un seul jour dans l'année, un seul, celui des Rameaux, rouvrait cruellement sa blessure et livrait sa conscience aux plus terribles embarras. Car, dans l'effeuillement des branches de buis bénit, au seuil de l'église et dans toutes les mains, ce qu'il voyait malgré lui, ce n'était pas Jésus entrant triomphalement dans Jérusalem au dos tranquille d'une ânesse, mais l'amoureuse d'autrefois, aux lèvres encore moites de baisers et lui tendant le gage menteur de leurs amours éternelles.

Alors plein du remords de se sentir si faible devant les trahisons du monde et la clémence infinie de Dieu, il écartait de son regard le symbole tentateur, et, pris d'une indicible détresse, il pleurait comme un enfant.

L'ANGE DU REMORDS

I

Ceux qui ne connaissent pas Mme Ariane de Sainte-Hildegarde n'ont vraiment rien de mieux à faire que de le regretter. Car c'est une fort intéressante personne, également pourvue d'esprit et de beauté. Sa physionomie, un problème ; — son sourire, une énigme ; — sa façon de vivre, un point d'interrogation. Ceux-ci la disent bonne et ceux-là méchante ; les uns la prétendent sage et les autres passionnée. Le seul point sur lequel tout le monde soit d'accord, c'est qu'elle est extraordinairement distinguée. L'ovale allongé du visage, l'élégance naturelle de la taille, le splendide dessin des pieds et des mains, tout, en elle, respire la race et en fait un type d'une très réelle aristocratie. Ce grand air ne va pas jusqu'à l'austérité, toutefois, ce qui prouve l'extrême bon sens de celle qui en est douée. Car, par les hasards imbéciles de la vie, cette aimable jeune femme appartient au monde du péché et est fatalement condamnée à avoir des faiblesses. Ce qu'elle doit à son allure de grande dame et à la culture sérieuse de son intelligence, c'est d'avoir pour adorateurs ordinaires des hommes à qui les cocottes vulgaires feraient horreur. Son salon est comme une serre où viennent tout naturellement s'épanouir les fleurs du comme il faut. Son grand succès est parmi les jeunes magistrats et les hommes politiques cléricaux. Voilà, me direz-vous, une fort honorable compagnie et une gaillarde qui fera son chemin. Eh bien, je vous jure qu'Ariane a souvent l'air mélancolique, et je sais de bonne source que sa fortune n'est pas celle que mériterait à toute autre un ensemble vraiment considérable de charmes et d'agréments. — Alors, ces messieurs font

donc mal les choses? — Mes amis, c'est bien
pis que cela, ils ne les font pas du tout. — Vous
me la baillez bonne! — C'est comme j'ai l'honneur de vous le conter. Ainsi que me le disait
fort bien Constance, la fidèle camériste de
Mme de Sainte-Hildegarde, une philosophe de
l'École de Montmartre, c'est cette distinction
même qui la tue. Tant il est vrai, ajouterai-je,
que les plus belles fleurs cachent en elles un
poison et que nos vertus ne sont que l'habit de
gala de nos vices. Mais je laisse parler Constance, me réservant toutefois de corriger,
à l'occasion, l'idiome du Moulin de la Galette :

II

« Vous comprenez, me dit-elle, que, comme
il est bien convenu que madame n'est pas une
femme ordinaire, les galantins du commun ne
s'y viennent pas frotter, et nous avons une
clientèle spéciale d'amoureux qui arrivent avec

l'idée préconçue qu'ils aimeront sans espoir et sans profit. C'est déjà une bêtise et une fâcheuse disposition. — Madame a des trésors d'honnêteté, mais je lui ai connu des accès de prodigalité dans lesquels elle en aurait jeté volontiers une bonne partie par la fenêtre. Nous avons donc pour introducteur le respect, un respect que j'oserai qualifier d'exagéré.

Les premiers entretiens sont engourdis par une pose réciproque. On cause littérature, et les vagues aspirations de l'âme ne viennent qu'après, à propos de Lamartine. On s'accorde pour déclarer que le monde est inhabitable aux personnes d'un esprit vraiment élévé, et que ceux qui ne sentent pas des ailes endolories sur leur dos par l'oppression des gilets de flanelle et des corsets sont bien à plaindre. Cependant et bien que tout cela soit d'une inoffensivité ridicule, comme Madame est absolument charmante, le soupirant finit par s'éprendre sérieusement à ce jeu et tout indique qu'il conçoit enfin de moins chimériques plaisirs.

Je dois convenir que Madame n'en semble pas intérieurement offensée. De vous à moi, je devine aux instructions même qu'elle me donne, qu'elle est résignée à la chute et désire entourer son déshonneur de mille raffinements voluptueux. J'ai souvent admiré, en préparant ainsi l'autel pour le sacrifice, combien elle s'entendait aux choses qu'elle avait coutume de traiter de si haut avec ces messieurs. Un jour, — ou mieux un soir que j'avais fait mon petit Joas en ornant le temple de fleurs et en y répandant des parfums, la curiosité me prit d'écouter à la porte du petit salon où se faisait la veillée des armes avant le combat. — Je vous adore, Madame, disait une voix pénétrée, je vous aime à en mourir ! Mais l'élévation de vos propres sentiments me dicte mon devoir. Hélas ! je ne pourrais vous posséder que par un crime ! Tromper ma femme, la mère de mes enfants ! Ah ! vous ne le voudriez pas ! Vous ne le souffririez pas ! — Certainement non, mon ami, répondait une voix rageuse en dedans. Et l'on se quittait pour toujours.

— Jobard ! dit Madame en rentrant seule dans sa chambre où deux oreillers rêvaient sur le lit grand ouvert. Et, déchiquetant nerveusement les dentelles de son corsage grand ouvert aussi :

— Que ces hommes mariés sont bêtes ! ajouta-t-elle.

III

« Celui-là n'était pas marié. Bien qu'appartenant, bien entendu, au milieu extra comme il faut où Madame était exclusivement courtisée, il avait des façons plus délurées au premier abord que beaucoup de ses collègues en distinction. Je n'eus pas besoin d'observer longtemps pour être assurée qu'il plaisait. On avait franchi Lamartine en deux séances pour arriver à Musset et on avait même prononcé le nom de Théophile Gautier. Et puis, la nature était là pour réchauffer les cœurs, une nature de ville d'eau avec des sources, des casinos, et plus loin, des bouts charmants de paysage et des oasis discrètes, la grande ombre des montagnes versant autour d'elles la mélancolie, les puits étoilés d'azur s'ouvrant au-dessus des têtes avec leurs margelles dentelées de verdure sombre, les grands souffles du soir s'engouffrant dans la vallée, les appels lointains du cor et la musique des torrents éparpillant une poussière d'argent au clair de la lune, un décor merveilleux, en un mot, pour les oaristis.

Aux précautions que prenait madame pour cacher ses rendez-vous, j'augurais bien de cette nouvelle intrigue. Car le mystère implique l'évidente intention de succomber. Et puis il semblait si amoureux! et il l'était vraiment, j'en jurerais encore. Une fois que moi-même j'avais recherché un bosquet bien dissimulé pour herboriser avec un sous-lieutenant de dragons en congé de convalescence (c'est à la jambe que le pauvre diable était blessé) il fallut que j'entendisse encore, grâce à un voisinage que je n'avais pourtant pas recherché, le petit dialogue que voici : — Ariane! Ariane! pourquoi m'avez-vous si bien parlé? Avec une autre femme que vous, j'aurais du moins goûté le rapide bonheur pour lequel je donnerais ma vie! Mais être aujourd'hui à vous quand une autre

m'attend demain ! Vous tromper, vous si noble
et si grande ! Tromper cette fiancée si pure à
qui sa mère est en train de broder sa robe blanche. Ce serait nous préparer à tous deux un
remords éternel... Ce serait abominable, n'est-
ce pas ? — Effectivement, répondit la voix de
Madame, stridente comme un coup de fouet et
j'entendis craquer le manche de son ombrelle,
pendant que le fiancé délicat sanglotait des
adieux. »

IV

Depuis ces révélations de Constance, j'ai
beaucoup réfléchi au cas authentique de
Mme Ariane de Sainte-Hildegarde. Cette jeune
femme belle, attrayante, spirituelle, qui a le
don de n'inspirer malgré elle que des sentiments dérisoirement élevés et à qui son plus
grand charme même, celui qui attire à elle,
joue le tour éternel d'en éloigner ensuite, est
la victime d'une façon de fatalité. Cette fatalité

a d'ailleurs un nom. Comme dans tous les autres, la fatalité n'est, dans ce cas, qu'un pseudonyme poli de la bêtise humaine. Le plus grand sceptique d'entre nous est toujours prêt à croire « que c'est arrivé », comme on dit dans la noble patrie de Constance. Dans les petites comédies que l'infériorité de sa situation sociale et sa propre nature la forcent à nous jouer perpétuellement, la femme n'a donc à se méfier que d'une chose : ne pas être trop fine pour notre épais entendement. On n'attrappe pas des éléphants avec des pièges à rossignols. Il n'est pas nécessaire de nous tant envelopper l'hameçon pour nous faire mordre.

L'horreur du vulgaire et la hauteur des aspirations sont d'excellentes amorces, mais il n'en faut pas abuser. On aura beau dire, l'estime n'est pas un stimulant en amour. Soyez convaincus que Pâris, aussi bien que Ménélas, considérait Hélène comme une franche catin. Ça ne l'a pas empêché de laisser anéantir sa patrie pour elle, ce qu'il n'aurait peut-être pas fait pour Cornélie, mère des Gracques ou pour Lucrèce, épouse de Collatin. Mais je dis là, en fort mauvaise prose, ce que Charles Baudelaire affirma dans ces magnifiques vers stupidement expulsés, par un arrêt de la Justice, des poèmes qu'il avait intitulés cependant sans hypocrisie, *les Fleurs du mal :*

> Maudit soit à jamais le rêveur inutile
> Qui voulut, le premier, dans sa stupidité,
> S'éprenant d'un problème impossible et stérile,
> Aux choses de l'Amour mêler l'honnêteté.
> Celui qui veut unir, dans un accord mystique,
> L'ombre avec le soleil, la Nuit avec le Jour,
> Ne chauffera jamais son corps paralytique
> A ce rouge soleil qu'on appelle l'Amour.

Je dis cela pour les amoureux de Madame Ariane de Sainte-Hildegarde, et non pour elle qui, mieux que personne, parce qu'elle est plus perspicace, sait, en matière de sens, le néant comique de la vertu.

L'IRRÉMÉDIABLE

C'était l'an dernier, sur une petite plage de Belgique, par un de ces jours clairs qui annoncent le voisinage du beau paysage hollandais, où des buées d'argent semblent courir dans les transparences de l'air. Comme à Scheweling, de grandes mouettes familières venaient s'abattre presque à nos pieds, et la mer tranquille respirait, comme une bête apaisée, lentement avec des plaintes lointaines où passait le souvenir des tempêtes hivernales cinglant son large dos de leurs fouets aigus. Bien que la station ne fût pas une des plus fréquentées, les promeneurs étaient relativement nombreux, grâce à la clémence du temps; ils étaient là béats sur la grève, buvant le soleil comme des moineaux francs, s'emplissant les poumons des salines effluves du monstre, attendant, avec de voluptueux frissons, l'heure du bain et déjà tentés par la caresse berçante des vagues, sirènes aux cheveux d'algues, coiffées d'écume, dont un rythme harmonieux conduit les mouvements comme ceux du corps féminin.

Un bon souffle de bien-être et de bêtise passait sur ces fronts, vulgaires pour la plupart; têtes de petits bourgeois ayant fait leur pelote, de femmes honnêtes mais dévotes, de jeunes filles notoirement destinées aux orgies du pot-au-feu, de galopins connaissant déjà mieux la cote de la Bourse que les odes d'Horace, menu monde gonflé de vanités égoïstes et content de soi, repu et sans idéal, cérémonieux et intolérant.

O lamentable spectacle de l'humanité auprès des splendeurs des choses. Eh! quoi! c'étaient ces singes, incomplètement dégénérés, dont les aïeux avaient dompté cette mer superbe, le cœur enveloppé d'un triple airain, comme l'ordonne le poète! Voilà des siècles que la Nature sue et saigne sous l'éperon de ce myrmidon. Cet abject animal a chassé des pics ardus l'aigle sublime et, du désert même, le lion magnifique ! Et je m'indignais tout en achevant consciencieusement mon cigare, quand un couple accompagné d'enfants passa près de nous. Vous ai-je dit, au fait, que mon ami Cyprien Godebski, le statuaire, était mon compagnon ? — Non ? Eh bien ! c'est fait. L'homme, qui pouvait avoir cinquante ans, était de très noble allure, visage ravagé, mais d'une expression douce et puissante; bien que portant des cheveux blancs, la femme était sensiblement plus jeune et encore admirablement belle. Car ce diadème d'argent sied aux fronts de reine et donne à certaines figures aristocratiques leur souveraine et définitive majesté. Ces deux êtres, bien faits l'un pour l'autre, et tous deux de race évidente, marchaient appuyés épaule contre épaule, les bras croisés, dans un abandon où se sentaient une tendresse infinie, un muet recueillement de l'âme. Un des enfants, un garçon malingre, était beaucoup plus grand que ses frère et sœur, plus âgé qu'eux certainement de une ou deux années. Dans ce milieu où l'obséquiosité était cependant de mode, je remarquai que personne ne les saluait et il me sembla même voir des dames les suivre d'une petite moue méprisante, en chuchotant avec des sourires scandalisés.

— Ces gens ne sont-ils donc pas mariés? demandai-je à Cyprien.

— Je vous demande pardon, me répondit celui-ci.

※

Et, quand nous nous fûmes éloignés, pour contempler la mer, là où le grouillement des foules ne trouble pas la musique sacrée, où le spectacle n'en est pas profané par un rivage de sottise exultante, mon compagnon reprit :

— L'histoire de ce ménage est la plus curieuse du monde, et je veux vous la conter.

— Volontiers, répondis-je. Car je sais de quel fin narrateur est doublé ce sculpteur ingénieux.

— Chacune de ces deux personnes porte un nom superbe...

— Le même...

— Que vous êtes impatient! non! Impatientant! Quand M. X... et Mlle Z... se marièrent vers 1866, ils unirent, par ce seul fait, deux familles très anciennes et bien considérées. Toute la Belgique fut conviée à leurs noces, qui furent curieuses et firent grand bruit. Un an plus tard, ils avaient un fils, ce jeune homme maladif que vous avez vu avec eux. Deux ans après, le mari entretenait scandaleusement une danseuse, et la femme, justement indignée de cet abandon outrageant, obtenait le divorce. Ils devenaient étrangers l'un à l'autre, en vertu de la loi que la France n'envie plus à ses voisins. Comme le père avait tous les torts, l'enfant était confié à la mère; l'ex-époux gardait toutefois le droit de le voir dans des conditions déterminées. Cependant, le petit grandissait avec peine et, tout chétif, comme toujours prêt à partir d'un monde où il était entré par une porte mélancolique, donnait de constantes inquiétudes à celle qui, des ruines de son ancien bonheur, n'avait gardé que ce frêle et vivant débris. Le médecin ayant commandé les bains de mer, elle amenait son fils ici tous les ans, dans la saison où nous sommes. Or, il advint, il y a six ans, qu'une crise terrible faillit l'enlever justement un jour où son père était venu pour le voir. Le danger devant durer, celui-ci ne repartit pas; il attendait les nouvelles, anxieux, désespéré, dans un hôtel voisin de celui où son ancienne femme était installée, osant se montrer à peine à celle-ci, plein déjà de confus remords d'avoir brisé deux existences.

Quand la vie du petit malade fut sauvée, il ne repartit pas encore. Le péril n'aurait eu qu'à reparaître! Mais la convalescence fut longue, et un mois s'était passé qu'il était encore là, n'ayant pas le courage de s'éloigner. Or, pendant ce mois, il avait vu de loin, mais à toute heure, la mère, sublime de dévouement et de tendresse. Et, pendant ce mois aussi, la mère le sentant près d'elle, avait compris, mieux, avait éprouvé que l'angoisse commune renouait des chaînes entre leurs deux cœurs.

Celui-ci s'emplissait soudainement d'immenses tendresses, et celui-là de pardons infinis. Le choc eut lieu ; le fleuve d'amour et le fleuve de miséricorde devaient se rencontrer et se fondre dans un océan de joie. Jamais ils ne s'étaient tant aimés et le ciel descendait autour d'eux et abaissait sous leurs pieds le rayonnement des étoiles.

— Amen, répondis-je homéliquement.

— Pas amen du tout ! reprit mon compagnon.

— Comment, après cette réconciliation qui anéantissait le passé ?

— Il y a une chose que cette réconciliation était impuissante à anéantir : la rupture légale de leur mariage.

— Ils n'avaient qu'à se remarier, libres tous deux par le fait même du divorce.

— Une disposition précise de la loi interdit, en Belgique, un nouveau mariage entre époux divorcés.

Conséquences. Une fois réunis, ces deux êtres ne pouvaient plus se séparer. Ils étaient inexorablement l'un à l'autre de par leur affection centuplée par la douleur de l'absence et l'ivresse du retour. Ils étaient plus époux qu'ils ne l'avaient jamais été. Cependant leur nouvelle vie commune est un concubinage. C'est amant et maîtresse qu'ils sont seulement et ils ne sont plus reçus dans leurs familles. Les imbéciles évitent de les saluer, et les pimbêches se détournent quand elles passent. Tout cela ne serait qu'un surcroît de bonheur ; mais ces deux autres enfants, tout petits, le chérubin blond et sa sœur, ce sont d'ignobles bâtards, les produits d'un collage décrié par les honnêtes gens. Y es-tu maintenant ?

— Voilà qui est diablement bête et odieux, ne pus-je m'empêcher de répondre.

— Aussi l'avons-nous soigneusement emprunté à la loi belge, laquelle l'avait elle-même reçu de notre code Napoléon. Oui, c'est odieux et sacrilège. Et de quel droit les hommes mettraient-ils l'irrémédiable entre les désirs humains dont l'essence est un éternel changement ? De quel droit défendraient-ils aux affections éteintes de se rallumer, aux pardons, de descendre vers les repentirs ? Allons donc ! La loi qui nous ramène vers les délaissées et qui nous crie, avec le poète :

> Il faut aimer encore après avoir aimé !

La loi qui fait rejaillir dans nos cœurs les sources qu'on croyait épuisées et qui tend vers les lèvres longtemps détournées un regain de baisers, une immortelle moisson de tendresses, cette loi-là est plus haute que la volonté des faiseurs de pandectes. Il ne doit pas dépendre d'eux d'en flétrir les sublimes retours et de condamner à la honte les êtres que le passé reprend et que le souvenir absout !

HÉLÉNA

— Oui, mon cher, me dit le comédien Narcisse, les choses se passaient ainsi aux portes de la civilisation européenne, il y a moins de quinze ans, quand j'avais l'honneur d'appartenir, en Égypte, à la troupe française qui faisait les délices du vice-roi.

— Et tu as connu ce Politi qui répandait la terreur dans une grande ville, en s'y comportant comme un voleur de grand chemin?

— J'ai plus d'une fois pressé sa main déloyale. Grec de naissance, il était redouté même des autres Grecs. Entrait-il dans quelque cercle magnifique ou même dans un simple tripot, il faisait main basse sur les enjeux, s'adjugeait violemment le salaire des tricheries communes et jouait du couteau si quelque malavisé se trouvait offusqué de cette familiarité.

— Et la police ?

— Elle le redoutait infiniment et traitait avec lui de pair à pair. Car il ne faut pas croire que les mouchards aient plus de goût que les autres hommes pour avoir le ventre ouvert. Politi était considéré de tous les gardiens de la sécurité publique, jusqu'au jour où Héléna résolut sa mort.

— Qui, Héléna ?

— Une admirable fille souliote dont il avait fait sa maîtresse ?

— Que lui avait-il donc fait pour en mériter une telle haine ?

— Oh ! l'aventure est la plus dramatique du monde, avec un côté vraiment fantastique, quelque chose de tragique et de vraiment inattendu.

— Voulez-vous me la conter ?

— Très volontiers.

Et c'est maintenant mon ami le comédien

Narcisse, le plus véridique des hommes, qui parle à ma place :

❦❦

Cette Héléna était, comme je l'ai dit, un miracle de beauté, une créature superbement bestiale, avec de grands yeux noirs qui semblaient doux parce qu'ils étaient suprêmement indifférents. Sa chevelure noire s'ouvrait, comme une vague qui se dédouble, en deux larges ondes dont ses épaules étaient submergées, des épaules d'un dessin irréprochable, d'une blancheur laiteuse ; tout respirait, en elle, une nonchalance féconde en poses léonines, en belles lassitudes de fauve étendu. Le type était, en elle, d'une singulière pureté, et l'arc des lèvres semblait toujours tendu sur l'invisible flèche d'un sourire énigmatique, sans vraie tendresse. Le corps tout entier offrait une magnifique pâture aux caresses, mais sans vibrations intérieures indiquant qu'elles étaient profondément senties. Au demeurant une brute splendide, avec des ténacités sournoises et des colères muettes pleines de lendemains menaçants. Politi semblait fou de cette fille bien faite pour être la compagne d'un sacripant de son espèce, sans lueur de conscience pouvant troubler ses propres cynismes. Il avait quitté pour s'attacher à elle, sa femme, une Grecque comme lui, mais laide et maussade, une façon de matrone qu'il semblait se complaire à oublier.

Cependant cette épouse délaissée mourut. Bien qu'elle la gênât peu de son vivant, Héléna en éprouva une joie sauvage, celle d'une délivrance. Et, comme le tact lui était un sentiment tout à fait inconnu, elle fit éclater une joie bruyante de ce débarras, se répandant en injures inutiles contre la défunte, la poursuivant dans sa mémoire des plus ignobles noms. Car elle était grossière à souhait, ayant grandi dans quelque port, avec les matelots pour maîtres de beau langage.

Il fallut qu'elle allât bien loin, car Politi, lui-même, se sentit intérieurement froissé de cette allégresse déplacée et sonore. Mais comme il n'aimait pas les querelles de ménage, il sortit sans rien témoigner de son mécontement. C'est ici que nous entrons dans le mélodrame.

— Entrons-y, Narcisse, si cela vous plaît ainsi.

Le mauvais époux attendit la nuit pour mettre à exécution son silencieux projet. Par hasard, il laissa s'allumer les maisons de jeu, sans y fondre le poignard à la main, suivant son aimable coutume. On le vit avec étonnement se diriger vers le cimetière où, la veille, il avait accompagné, d'un air de parfaite indifférence, le corps de celle qui avait porté son nom. Le cimetière était fermé, mais Politi était agile et eut bientôt franchi le petit mur dont un beau clair de lune baignait la crête, s'allongeant en lame d'argent, mettant un cliquetis de lumières dans les masses sombres des verdures pendantes aux pierres. Le respect des tombes éparses sur son chemin n'était pas pour ralentir sa course. Il bondit, comme une bête, parmi les terres fraîchement remuées, s'enfonçant dans les hautes herbes que l'oubli avait poussées çà et là sur les sépultures délaissées. Des vols de chouettes troublées dans leur nocturne chasse lui battaient le visage, et les lucioles allumées dans les bordures des allées le regardaient comme des yeux d'or phosphorescent, les yeux de petites étoiles tombées. Elles le virent, mélancoliques de cette profanation, s'accroupir et creuser avec le fer et les ongles, dispersant autour de lui des poussières noires et lourdes avec des racines s'échevelant entre ses doigts fiévreux...

Quand il rentra chez lui, au petit jour, il avait quelque chose d'enveloppé dans sa main, quelque chose de rigide et, d'un bond, il entra dans sa chambre, où Héléna l'attendait, voluptueusement couchée dans son rêve triomphant de maîtresse maintenant sans rivale. Par habitude et dans ce demi-sommeil, plein de mouvements inconscients qu'ont les femmes que leur amant réveille, elle étendit vaguement les bras vers Politi, comme pour l'étreindre d'une caresse enveloppante. Mais celui-ci, d'un geste furieux, abattit sur la joue de la souliote l'objet qu'il avait dissimulé. Le bruit d'un soufflet terrible retentit. Et c'était bien un soufflet dont il venait de lui meurtrir le visage. Car ce qu'il avait apporté, c'était l'avant-bras et la main de sa femme, qu'il avait détachés du cadavre, afin que la morte se vengeât elle-même, et parce qu'il lui répugnait de frapper lui-même une femme.

Héléna poussa un cri rauque de bête blessée. Puis ce fut tout; et, tranquille, elle laissa son maître s'étendre auprès d'elle sur le lit d'où le débris horrible avait roulé.

Mais Politi était condamné à mort dans l'impitoyable volonté de sa maîtresse.

J'ai dit que la police avait désespéré de s'emparer jamais de lui. Il avait en effet, une façon de sortir de sa propre maison qui le garantissait de toute agression immédiate. Ouvrant silencieusement les serrures intérieures de sa porte massive et garnie de fer, il poussait violemment celle-ci en avant, la heurtant de son corps comme d'un bélier vivant, et bondissant, comme un acrobate, au milieu de la rue, un revolver chargé à chaque main. Cette attitude, immédiatement défensive, ne permettait aucune surprise à son endroit.

Or, un jour qu'il était absent, Héléna fit venir des ouvriers qu'elle paya grassement et qui substituèrent aux gonds puissants de cet huis formidable dont la maison était défendue, des chevilles de bois pourri plantées dans de la glaise, si bien que, sans que la porte offrît aucun changement apparent, il suffisait d'un effort très léger pour la jeter en avant, à plat par terre.

Quand Politi, le lendemain, se rua dessus, comme à l'ordinaire, elle céda, s'abattit sous son poids, l'entraînant dans sa chute, si bien qu'il fut couché d'un coup sur le ventre, les bras en croix et inutilement armés. En même temps, dix poignards plongeaient dans son flanc et entre ses épaules. Car la police prévenue et en embuscade, n'attendait que sa chute pour en finir avec lui.

Un rire strident retentit dans la demeure.

Héléna s'était vengée. Ainsi mourut le forban.

— Et tout cela n'est pas un roman, Narcisse ?

— La vérité pure. Tout le monde a connu Politi là-bas. Et on nous parle des mœurs extraordinaires des républiques italiennes, accusant l'obscurité des siècles de cette barbarie savante où le fer et le poison jouaient leur rôle sans répit !

— La terre tourne, Narcisse, et ce qui était ici hier est là demain, sa surface ne faisant que rouler dans les espaces sans se modifier jamais vraiment. Ainsi ce que nous appelons le progrès. Mais la somme des vices humains demeure immuable. Elle suit, comme la mer que retient la force centrifuge, cette révolution éternelle d'un globe dont chaque point a son tour de gloire ou d'infamie.

CLAUDIA

Portant sur son noble visage et tout le long de son corps magnifique l'impeccabilité majestueuse des lignes, Claudia semble promener dans cet âge misérable le spectre de l'antique beauté. Tout redit en elle la révolte glorieuse du type sacré contre les abaissements où le mélange des sangs barbares a traîné, comme un ruisseau qui descend vers les fanges, la splendeur féminine un instant figée dans les marbres anciens. Oui, tout : son front bas d'où jaillit sa chevelure comme les flots profonds et sombres d'un Styx : son nez droit, qui n'est que le prolongement aminci de ce front inflexible ; sa bouche aux coins retroussés en arc et dont la courbe s'épaissit au milieu seulement; son menton charnu qu'une seule fossette en vol d'hirondelle accentue, son menton assis sur l'ampleur vigoureuse du cou. Et, en suivant dans son unité parfaite une structure qui n'est que la logique vivante d'une tête pareille : les seins abondants et fermes dressés comme des sentinelles pour la garde de tout le reste, collines de neige dont un invisible couchant rougit les cimes et descend au seuil des plaines vallonnées qui s'en vont vers les défilés obscurs; les flancs larges et s'épanouissant comme une immense fleur renversée; son ventre, dont le poète Harancourt a dit dans un poème superbe de l'*Ame nue,* qu'il était comme

. . . . un bouclier
Taillé dans un métal lumineux et sans tache
Dont la blancheur se bombe et descend se plier
Vers l'ombre où sa pointe s'attache.

Ses cuisses, pareilles à deux fleuves de lait jumeaux, ayant au profond des bois leur source commune et suivant, parallèles, les mêmes contours déclinants ; ses pieds à la cheville attachée très haut, comme dans les êtres de race. Et la fierté de son allure implique l'orgueil conscient de cette beauté souveraine, tant tout se déduit avec vigueur dans cette personne vraiment élue. Elle marche comme le ferait une déesse qui veut être reconnue, lentement et sans regarder jamais un chemin qu'elle juge indigne de ses pas. Son regard, plutôt doux que méchant, mais sans tendresse, semble chercher, à l'horizon vague où les nuées se dorent, des autels à demi éteints où fument encore les encens oubliés. Telle elle passe et, quand elle s'assied, ses mains cherchent les coussins ornés de pierreries et les pompes absentes d'un trône. Ne croyez pas qu'elle nous soit venue d'Athènes ou de Smyrne sur un bateau frété pour elle par quelque nabab opulent ! Non. Elle est née à Montmartre de parents ouvriers qui lui ont donné beaucoup de gifles parce qu'elle était paresseuse et elle exerce, au fond, l'état de toutes les filles pauvres qui n'en ont pas.

Lui demander de vivre d'un travail domestique serait une folie contre laquelle tout son être proteste. Elle n'est point faite pour porter les fardeaux, et des nonchalances natives, irrésistibles, innocentes sont au fond de cette nature créée pour la tranquillité des cultes. C'est donc de par une fatalité qu'elle est courtisane et courtisane sans grands profits. Car vous l'avez rarement aperçue dans les carrosses qui emportent parmi les poussières réelles et les fraîcheurs douteuses du Bois, les bien-aimées salariées des gens de Bourse en renom. Pas davantage elle n'a trouvé quelque liaison de durée et, par le fait même honorable, avec un artiste du ciseau, du pinceau ou de la plume, gent cependant mieux faite que les autres pour comprendre son prix.

Non! la fatalité dont je parlais tout à l'heure la poursuit jusque dans sa carrière sans honneur. Personne, ou à peu près, ne la veut pour maîtresse bien que tous en parlent avec un enthousiasme plein de sincérité. Est-ce donc une vicieuse? Pas du tout. Moins vicieuse que beaucoup d'autres, et certainement plus loyale; car sa paresse glorieuse va jusqu'à ne pas prendre la peine de tromper.

Eh bien, alors? — Il y a d'abord ceux à qui le caractère sculptural de sa beauté en impose, au point qu'ils ne se font pas à l'idée de se familiariser jamais, autant qu'il le faut en amour, avec des charmes de cette austérité presque divine. Il est dans ce sentiment de leur indignité personnelle en face d'une telle merveille, un respect si vrai de la femme, une adoration si profondément religieuse et timide, que je la trouve la plus touchante du monde et toute à l'honneur de ceux qui la portent en eux. N'aime pas qui veut le beau avec cette passion tout à la fois fougueuse et craintive, avec cet oubli très juste et très désespéré de l'infamie sociale qui livre les idoles à l'humiliante caresse des foules. Il me souvient d'avoir tremblé et pleuré, à genoux et le cœur empli des terreurs d'un sacrilège, devant le lit ignoble et vendu où m'avaient rué les emportements de ma virile jeunesse. Larmes et frissons que je ne me reprocherai jamais, malgré que beaucoup les puissent trouver ridicules. J'en sais d'autres qui, comme moi, placent si haut la beauté de la femme que les désirs s'y élèvent à peine, les ailes meurtries et saignantes, sous l'étreinte des admirations muettes.

En attendant, la pauvre Claudia ne fait pas ses affaires.

✥

Si elle pouvait compter encore sur la tourbe des goujats en amour parfaitement incapables de ces délicatesses grotesques peut-être, mais assurément sublimes! Ils ne manquent pas, ceux pour qui la femme est comme le dernier plat d'un menu, un simple dessert plus coûteux que les autres, mais plus savoureux aussi. Eh bien, ceux-là ne courent pas après Claudia comme on le pourrait croire. Ceux qui l'ont éprouvée, aussi bien que ceux qui, subtilement, la pressentent, sont d'accord sur ce point qu'elle n'est pas assez aimable. Il y a un monde dans ces trois mots, et ils amènent invariablement dans les conversations entre hommes, parmi les doubles et grisantes vapeurs du café et du cigare, dans les entretiens cordiaux où les confidences les moins nécessaires s'échangent, ils amènent, dis-je, l'éloge à outrance des femmes sans beauté qui, ayant à se faire pardonner leur laideur, sont bien autrement obséquieuses et caressantes.

Voilà, je vous le déclare, une belle occasion de juger les hommes et de les classer au point de vue passionnel, en deux variétés principales et admirablement définies. La première et la moins nombreuse est composée de ceux qui aiment la femme pour elle, la seconde et la moins précieuse, au moins par la quantité, comprend ceux qui aiment la femme pour eux-mêmes. Pas de confusion, au moins : je n'entends pas dire que ceux-ci soient moins égoïstes que ceux-là. J'entends que leur égoïsme se traduit différemment. Celui qui affère à la première série se satisfait par des dévouements infinis, par des immolations volontaires et douces, par toutes les religiosités dont je parlais plus haut, par ce sentiment cruel, exquis, d'une volupté raffinée et mortelle de verser tout son sang aux pieds de l'idole. S'anéantir dans l'être plus beau dont la pitié vorace nous accueille, nourrir sa chair de nos sèves où toute notre âme est mêlée, est le bien suprême, infini. A ceux qui vivent et qui meurent dans ce rêve, point n'est besoin des encourageantes caresses, et celles-ci vainement imploreraient le pardon de leur idéal absent. Donnez-leur de la beauté à adorer et à servir : leur cœur farouche à lui-même fera le reste !

Les autres, ceux de la seconde série, tout à la fois se contentent de moins et exigent davantage. Ce sont les moins virils si vous le voulez bien, puisqu'il faut des condiments affectueux à leur appétit et qu'un cuisinier savant a dû rédiger la carte de leur dîner. Mes enfants, vous ne voudriez pas aussi un peu de musique militaire pour vous mettre en train ?

Égoïsme, je le répète, de part et d'autre, mais assurément plus noble dans un cas que dans l'autre. Passion également et purement sensuelle au fond, mais ici élevée et comme glorifiée par la ferveur du beau.

❖ ❖

Et Claudia que j'oubliais dans ces subtilités sur les différents genres d'amoureux dont aucun ne lui convient tout à fait, ce qui est grand dommage pour sa prospérité! Elle continue de cheminer, étonnée, dans la vie. Elle ne comprendrait pas, — et elle a raison, — ce que lui reprochent ceux qui la trouvent insuffisamment avenante. Ne faudrait-il pas qu'elle humiliât sa triomphante beauté à faire un tas de bichonneries à ces magots! Vous vous en feriez mourir, mes compères, comme on dit dans les cours. Comme tout le monde, y compris les plus savants archéologues, j'ignore la position exacte qu'occupaient les mains de la Vénus de Milo; mais je les vois employées à tout plutôt qu'à frisoter, d'un doigt caressant, la barbe d'un faquin qu'elle appelait pour l'amadouer : « Mon petit Pertinax! » ou « Mon petit Hercule ! » en lui faisant des risettes de chatte enamourée. Allons donc, bonnes gens ! ce n'est pas sérieusement que vous auriez voulu cela, ou que vous l'auriez simplement souffert ! Retournez à vos gothons, puisqu'un peu de bonne grâce vous peut tenir lieu de beauté !

Il n'est pas douteux que si Claudia eût logé plus d'intelligence dans son front magnifiquement rétréci, elle eût rencontré quelque fervent de sa splendeur, bien noblement épris des formes, à qui la superbe approche de sa froideur eût suffi pour le lier d'une chaîne impossible à briser; quelque penseur bien mâle et sachant estimer à son prix l'honneur de partager une telle couche; quelque sage en pleine virilité qui ne lui eût pas demandé plus qu'elle ne peut donner, sans avoir d'ailleurs aucune peine à prendre pour cela et par la seule vertu de ce qu'elle donne. Mais elle n'a senti qu'instinctivement et sans suite le besoin de cet appareillage, le seul logique vraiment et qui eût fait deux heureux. Elle subit cependant comme une autre cette loi d'aimer hors de laquelle tout être se sent violemment déchu. On m'a assuré qu'elle vivait avec un ignoble petit cabot au menton bleu comme un flot de la Méditerranée, qui lui fiche des gifles, sinon à la journée, au moins à la nuit. Les impertinences de ce drôle la reposent des hommages même ironiques que lui prodiguent ceux qui ne veulent pas d'elle et dont son orgueil n'est plus suffisamment chatouillé. Tant il est vrai qu'il faut toujours au char du triomphateur l'esclave ivre qui l'insulte et mêle ses vomissements aux fleurs jetées sur sa route.

Mais aussi, Claudia, que viens-tu faire dans un temps et parmi des hommes plus vieux de vingt siècles que toi?

LYCISCA

Les oreilles encore vibrantes d'une orgie de marchands de robinets, les yeux encore papillotants d'un des spectacles les plus grandiosement imbéciles qu'ait réalisés un art également exempt d'érudition et de pensée, je me suis rué, dès hier, au Louvre, pour y revoir l'image de celle que les nocturnes rôdeurs des vieux bouges romains appelaient Lycisca, l'impératrice qui venait s'asseoir parmi eux dans l'âcre puanteur des parfums rancis où l'haleine des vins rendus se mêlait; l'invincible amoureuse dont Juvénal a dit :

Et lassata viris, necdum satiata recessit.

Messaline a toujours occupé une place d'honneur dans le sérail des maîtresses antiques aux faveurs de qui se complaît mon rêve. Car je n'ai guère retenu de toute l'histoire du passé que les noms de quelques femmes dont je ne me consolerai jamais de n'avoir pas été le contemporain. Une statue du temps nous montre celle-là, non pas, hélas! dans l'éclat de sa nudité triomphante,

Ses bras mourants jetés comme de vaines armes, après le combat victorieux des caresses; ou encore, les seins tendus vers l'invisible renouveau des désirs, se tordant, comme sur une braise, dans la flamme sombre de ses cheveux dénoués; ou encore, haletante des premiers assauts et plongeant dans l'infini béat de nouvelles délices entrevues, — telle, en un mot, que se conçoit la courtisane volontaire, la louve en rut, la mangeuse d'hommes, l'effroyable et superbe inapaisée des carrefours. Rien de plus calme, au contraire, que ce marbre d'une ordonnance presque sévère. Il représente une mère ramenant chastement, d'une main, les longs plis de sa robe, et retenant, de l'autre, sur son sein gonflé de lait et de tendresses pures, un bel enfant dont le nom, comme celui du saint Jean catholique, assis sur les genoux des madones, évoque un souvenir doux et presque sacré. Car ce fils est Britannicus, le doux héros de Racine, l'adolescent futur qu'étoufferont les embrassements fraternels, comme la gloire de Jésus enveloppa d'ombre celle de Jean.

C'est donc la pieuse curiosité d'un amant qu'il faut pour retrouver dans ce vertueux spectre de pierre la vivace impudique qui convia les foules au festin banal de son corps et versa aux lèvres les plus abjectes l'immortel vin des baisers comme une lie. Et cependant elle est bien là tout entière sous ces voiles bienséants, et comme nimbée d'une douce lumière par le sourire vague de ce fils qui avait emporté avec lui toute la chasteté de ses flancs. Des signes indélébiles ont marqué sa destinée. Elle est écrite dans la régularité froide des traits, dans l'ovale très arrondi du visage, dans ce foisonnement furieux de chevelure jaillissant du front très bas, sur cette bouche aux épaisseurs finement ciselées, dans ce poème de chair aux lignes robustes. Voilà bien le pays magnifique des sens victorieux, de la matière triomphante, de l'âme étouffée, flambant et râlant. Cette fille superbe s'était méprise en enfantant. Mais comme elle apparaît plus redoutable encore dans l'hypocrisie de sa toilette à la Junon, dans le mensonge de ses vêtements d'épouse ! Pour qui l'a longtemps contemplée ainsi, cet apparat de vertu devient un piment de plus aux dépravations savantes, et j'imagine que c'est en la voyant telle, volant aux affranchis du Palais le respect de feints hommages, que ses amants l'ont le plus désirée. Cette Lycisca bourgeoise est une Lycisca plus dangereuse que l'autre. Voilà tout.

Rien d'humain ne vivait sous son épaisse armure,

a dit un poète d'un conquérant. Ainsi dirais-je de celle qui revit, après tant de siècles, dans cette armure de pierre et dont, pas plus qu'alors, nul n'évoquera la pensée. Boulé a très finement remarqué que l'expression du regard « est celle de ces divinités archaïques qu'on trouve en Phénicie et dans l'île de Chypre, et qui représentent Vénus Astarté, type asiatique, sensuel et sanguinaire, qui veut un culte mêlé de supplices et de voluptés ». Ce n'est pas l'œil pensif du sphinx méditant, dans la solitude embrasée des sables, sur l'énigme éternelle. C'est l'implacable fatalité qui contemple, c'est

> ...Cet être immobile
> Qui regarde mourir!

dont Musset n'a pas dit le nom.

※

Oui, la mort est écrite sur le visage, la mort de ceux qui, de trop près, en auront affronté l'inexorable charme. Comme plus tard la Lucrèce papale et notre Marguerite, Messaline a appartenu à la grande race des femmes qui ne souffrent pas que leurs amants vivent. La légende nous a gardé les noms de Montanus, de Pompée, de Sabinus, de Polybe, d'Asiaticus, de Miron, successivement frappés au sortir de son lit. Il ne semble pas que leur sort ait épouvanté ceux qui s'y ruèrent ensuite, foulant dans les tapis la tiédeur du sang versé. J'en sais pour qui ce destin eût été un aiguillon nouveau. Qui aime éperdument une femme et l'a désirée au-dessus de toutes choses n'en doit pas souhaiter davantage. Au delà de cette caresse où tout ce qu'il a d'âme s'épuisera, il n'entrevoit que le vide horrible et l'ironique profondeur des néants. Heureux qui tombe ainsi foudroyé de la hauteur atteinte de son rêve sans mesurer la longueur imbécile de la descente, où tout meurtrit et désenchante! Heureux celui qui échappe au poids des souvenirs inconsolés! Ah! ceux-là, ses vrais amants qu'attendait le poignard obscur dans l'ombre encore chaude de baisers; ceux-là qui, avant de la posséder une seule et mortelle fois, s'étaient lentement pris au charme enveloppant de cette glorieuse épouse d'un César passant, radieuse de beauté, dans le vent des palmes d'or qu'agitaient les esclaves, foulant aux pieds les fleurs et les désirs de la foule ; ceux-là qui eurent cet esprit d'adorer Messaline, comme elle méritait d'être adorée, et ne l'obtinrent que pour en mourir, me semblent plus à envier que les tristes acquéreurs de Lycisca jetant ses gourmes, comme on crache, à la fange des lupanars. Pour concevoir ce qu'il put y avoir d'ivresse désespérée dans l'appréhension même de leur supplice et combien son approche dut raviver dans leurs veines la fièvre divine des caresses, il suffit d'avoir sondé, dans quelque passion bien amère et bien profonde, l'éternelle parenté de la mort et de l'amour.

Voyez plutôt le bourdon vermeil qui chante autour des ruches ouvrières, éventant du tourbillon transparent de ses ailes les calices où vont boire les abeilles au corset d'or, poëte auroral qui, dans le premier rayon de soleil, semble pincer, en passant, les invisibles cordes d'une immense lyre, sistre vivant qui scande la danse des reflets multicolores de la lumière sur l'eau. Semble-t-il donc mécontent des jours dont il connaît pourtant déjà le dernier? Il s'enivre, doux philosophe, au cœur des roses trémières et, très épris de sa reine, il attend, avec des hymnes aux antennes, l'heure du berger qui sera aussi pour lui l'heure du bourreau. Mille aiguillons se planteront dans son beau pourpoint de velours avant que l'extase dissipée lui ait rendu le courage de sa fuite à travers les airs, du vol délivré vers la nue. Que lui importe! Il n'en est pas moins impatient de l'unique et suprême caresse à laquelle il ne survivra pas. C'est un sage insecte, un hyménoptère judicieux, un apiaire plein de bon sens, et la nature a bien su ce qu'elle faisait, en nous montrant dans une des familles animales les plus merveilleusement organisées, chez un petit peuple dont la vie laborieuse nous peut être un modèle, dans une façon de république qui fait honte à la nôtre, cet exemple de résignation enthousiaste des amants à leur rapide martyre. *Beati qui moriuntur in dominum!* dit une phrase des bréviaires. L'unique maître ici-bas, l'unique seigneur n'est-il pas l'Amour? Messaline ne méritait décidément pas d'être si mal traitée par les poètes satiriques de son temps et par les faiseurs de ballets du nôtre.

ROSA MYSTICA

I

Le roi Louis XIV exagérait certainement quand il s'écriait qu'il n'y avait plus de Pyrénées. Mais ceux-là se trompent aussi qui n'entendent par les Pyrénées que le magnifique paysage dont Luchon et Bagnères sont comme les gloires, et que les touristes affectionnent presque exclusivement. Aux voyageurs moins imbus de routine, je conseillerai une promenade dans les sites autrement sauvages, et d'une grandeur au moins égale, que l'Ariège arrose de ses eaux transparentes, où la truite dort sous les profondeurs cristallines des flots, fleuve pareil à un large torrent, et dont le cours se brise sans cesse, éclaboussant d'une poussière d'argent la cime polie de petites roches luisantes. Entre Toulouse et Tarascon, on rencontre la jolie ville de Pamiers, dont le castellat domine une façon de plaine que la flamme des forges éclaire la nuit de rouges et fantastiques feux; puis Foix, dont l'ancien château seigneurial fait une magnifique dentelure sombre sur l'or des soleils couchants. Mais, en arrivant à Tarascon, le pittoresque du point de vue s'accentue davantage, et il devient merveilleux en arrivant à Sabar, longtemps célèbre par sa grotte miraculeuse, et à Ussat, dont les rares baigneurs, braves gens du pays aux villégiatures modestes, se promènent sous d'admirables allées de platanes lesquelles semblent faites pour les causeries des philosophes anciens. Un peu plus loin encore est Ornolach, une façon de bourg, où commencera l'histoire bien simple que je voudrais vous conter avec l'émotion qui m'en vint quand je l'entendis pour la première fois.

Le curé d'Ornolach, l'abbé Vincent, était un fort brave homme d'abbé, pas bigot le moins du monde, et qui trouvait le moyen de faire quelque bien avec le peu que lui rapportait l'humble ministère qui lui était échu. Comme toutes les âmes élevées, il avait une passion dominante, celle des fleurs, et son jardin était le plus beau qu'on pût imaginer dans un pays où l'horticulture n'est pas un art fort avancé. Sa grande fierté se partageait entre ses parterres de roses en mai, et ses allées de dahlias en septembre. J'avoue que les premières m'auraient tenté davantage que les seconds, car je n'ai qu'une sympathie médiocre pour ces fleurs aux collerettes touffues et savamment tuyautées comme celles des anciens mignons, et à qui manque cette âme même de la fleur, le souffle qui lui donne, comme à nous, une vie : le parfum.

De roses, il possédait toutes les variétés connues alors et ne dédaignait pas ces roses de Bengale dont l'odeur est plus pénétrante que celle de toutes les autres, et qui gardent en elles un peu de la simplicité harmonieuse

de l'églantine, honneur des haies en avril.
Aux espèces dont la qualification scientifique
lui échappait, il donnait des noms à sa fantaisie ; car c'est un des besoins de l'homme de
donner un nom, trouvé par lui, à tout ce qu'il
aime. Aussi chérissait-il, entre toutes, une rose
blanche qu'il avait appelée, en homme imbu
des psalmistes, *Rosa mystica,* et qui, vraiment,
par sa candeur admirable, méritait de symbo-
liser la pureté virginale, même à l'égal du lis
de Saaron.

J'ai dit que l'abbé Vincent n'était pas un su-
perstitieux. Mais il n'en croyait pas moins à des
influences surnaturelles, comme la plupart
des sages de l'antiquité. C'est le propre de notre
esprit d'animer les objets auxquels il s'attache
et de leur croire de symboliques propriétés.
M. le curé d'Ornolach, avait voué à sa rose pré-
férée une façon de culte religieux. Elle lui semblait une fleur immortelle, faite pour les divines
expressions de la pensée, et il lui arrivait, tout
en murmurant son bréviaire, en parcourant ses
allées, de lui adresser, quand il passait près
d'elle, un mot de tendresse. Raille qui voudra

ces enfantillages et ces folies. C'est d'elles qu'est fait le meilleur de l'humanité.

Une autre affection très vivace du pauvre homme était son neveu Georges, un fils d'une sœur qu'il avait perdue et dont il gardait pieusement la mémoire. Georges, qui venait de passer brillamment son examen de droit à Toulouse, achevait ses dernières vacances au presbytère. C'était un garçon sérieux et doux. d'une nature assez romanesque et peut-être peu fait pour le métier pratique d'avocat, qu'il allait entreprendre. Mais qui de nous peut dire qu'il était né pour faire ce qu'il fait? A part quelques vocations despotiques auxquelles on n'échappe pas, nos goûts se développent dans un milieu peu enthousiaste, dans une société qui n'offre rien à tenter aux natures un peu chevaleresques, et se courbent sous la loi inexorable de métiers subis avec résignation. L'abbé Vincent connaissait à merveille la nature de son enfant d'adoption. Dans cette nature un peu rêveuse, il pressentait un champ largement ouvert aux déceptions à venir. Dans ce cœur jeune et destiné à le demeurer longtemps, il devinait une place large et comme saignante aux souffrances de l'amour. Sa grande préoccupation était d'arracher Georges le plus tôt possible aux tentations faciles de la vie, dans une grande ville qui abonde en tentations. Il jugeait, — et je ne suis pas convaincu qu'il eût raison, mais c'est une naïveté commune, — qu'un mariage précoce le garantirait mieux que toute autre chose. Comme si, pour être légitime et sacrée devant la loi, l'union de l'homme et de la femme ne comportait pas toujours les mêmes périls, au point de vue passionnel, que les tendresses plus fugitives ; comme si ce port était plus sûr qu'un autre à ceux que la fatalité destine aux naufrages. Hélas ! nous portons en nous le secret de nos joies et de nos peines, et les anciens avaient raison qui pensaient que nul n'échappe à son destin !

II

— Que penses-tu de Pauline, dit un jour à brûle-pourpoint notre abbé à son neveu, pendant que tous deux vidaient, avec une componction comique, de larges arrosoirs au pied des rosiers.

Georges posa brusquement le sien à terre, devint très rouge et ne répondit rien.

— Ton silence me vaut mieux qu'une réponse, fit l'excellent homme, et j'avais bien deviné.

— Quoi donc?

— Que Pauline te semblait charmante. Et tu as bien raison, parbleu! C'est, de plus, une fille sage et qui sera certainement une femme fidèle.

— A quoi bon me dire cela, mon oncle? Pauline ne saurait être la mienne. Les d'Armières ont quelque bien et des prétentions à la naissance. Or, je ne suis pas noble et je n'ai pas le sou.

— Les d'Armières sont de bons chrétiens qui entendent volontiers ce que je leur dis et qui me consultent en toutes choses. Nous n'avons pas de particule, mais nous sommes de bonne maison et d'ancienne et honorable bourgeoisie. Enfin, j'ai quelques économies qui ne sauraient trouver un meilleur placement, et les pauvres eux-mêmes ne m'en voudront pas de songer aux miens quand les miens ont besoin de moi. Veux-tu que je tâte le terrain?

— Je n'ai aucune espérance, répondit Georges, et j'aime presque autant rester dans mon rêve que de le briser, avec mon cœur, contre la réalité. Car vous avez deviné, mon oncle. J'aime Pauline et tout me charme en elle, ses yeux dont le regard est à la fois modeste et pénétrant, la grâce mystérieuse de son front qui pense sous l'ombre épaisse de sa belle chevelure noire, son sourire qui est pareil à celui de vos roses quand elles s'entr'ouvrent au soleil levant...

— Ta! ta! ta! ta! fit gaiement le curé, vous me semblez, monsieur mon neveu, vous arrêter beaucoup trop aux qualités terrestres de cette aimable personne et vous ne me parlez pas assez de la douceur de son caractère, des bons principes qu'elle a reçus, de sa dévotion qui est éclairée et tolérante, toutes choses qui, permettez-moi de vous le dire, sont plus essentielles au bonheur que les périssables beautés dont vous me paraissez féru. Georges se contenta de sourire. A vingt-cinq ans c'est une théorie qu'on n'accepte pas volontiers. Et je ne l'accepte encore que fort peu à l'âge mûr qui est le mien. La beauté comme la bonté n'est-elle donc pas une source éternelle de joie et est-ce donc seulement pour ses vertus que la femme doit être aimée, quand l'admiration qu'elle nous inspire est descendue dans notre cœur par nos yeux?

Cette Pauline était donc une créature parfaite?

Oui, pour le jugement d'un homme aussi naïf, au fond, que l'abbé Vincent et pour les regards d'un adolescent aussi bien épris que Georges. Un observateur moins favorablement prévenu se serait peut-être senti inquiet devant le mystère de cette nature qui se révélait peu et comme fermée sur elle-même. Dans cet être soumis aux habitudes régulières de la vie, il aurait deviné des révoltes intérieures encore mal définies mais grondantes, le sentiment dangereux d'un idéal inaccessible, une aspiration vague vers des au delà qui pouvaient être aussi bien des abîmes que des firmaments étoilés. Un homme mieux rassis ne se fût pas trompé à l'éclat calme de ce regard où passaient des étincelles comme si un feu y eût couvé sous la cendre ; à l'expression hautaine de cette bouche qui souriait, en effet, volontiers, mais du bout des lèvres seulement, comme on goûte à un fruit qu'on dédaigne ; à ce frémissement des narines palpitantes comme les ailes d'un papillon rose, à tous ces signes enfin qui faisaient pressentir une âme ardente et contenue dans cette créature d'aspect recueilli au premier abord.

Mlle Pauline d'Armières n'avait alors que dix-huit ans ; mais le développement complet de sa personne en faisait déjà une femme pourvue de charmes accomplis. Elle était de taille moyenne, plutôt grande que petite, et sa taille pleine de noblesse s'arrondissait heureusement où il convient, très chastement encore, mais plus attirante par cela même.

Comme presque toutes nos femmes du Midi, elle avait des extrémités charmantes où se lisait la race comme dans un livre ancien, cette noble race latine, issue de la grecque et qui nous lègue à travers les âges les plus nobles images de la féminine beauté. Son teint avait des luisants éburnéens; d'une blancheur marmoréenne, il s'ambrait, pour ainsi parler, aux glorieux contours de la nuque d'où jaillissait la chevelure comme une source faite de ténèbres et dont les ondes soulevaient la nuit. Elle était bienveillante plutôt que très accueillante, généreuse et donnait volontiers, parlait peu mais ne disait que des choses absolument sensées.

Pour me résumer, elle était moins enfant qu'on ne l'eût aimée à cet âge-là. Le grand épanouissement des gaietés sonores et printanières manquait à sa beauté un peu sérieuse avant le temps. Elle était comparable à un bois charmant, mais où aucun oiseau ne chante, aucune source ne bruit, aucun rayon de soleil ne verse des gouttes de lumière à travers les feuillages.

Le pauvre Georges faillit mourir de joie quand l'abbé Vincent, si follement heureux qu'il avait piqué un rouge coquelicot à la boutonnière de sa soutane, lui annonça, tout haletant qu'il était de la course qu'il venait de faire, en porteur de bonnes nouvelles, que la chose n'était pas impossible, que les d'Armières avaient accueilli sa demande sans se fâcher, et que Mlle Pauline qui, en rôdant par là comme pour cueillir des marguerites, avait certainement entendu quelque chose, lui avait fait un sourire encore plus affectueux que de coutume. Ainsi, son rêve allait prendre corps ! L'enchantement de son esprit deviendrait le bonheur de tout son être ! Cette douce et noble figure, devant laquelle s'agenouillait sa pensée, elle serait là à son foyer et immortellement sa compagne ! Je vous dis qu'il fut bien près de devenir fou. Que celui qui n'a jamais aimé ramasse la pierre où vint butter le bon curé, et qui faillit le jeter à terre quand il arriva courant à son neveu !

Et puis tout cela n'avait rien de déraisonnable. Il était vraiment de souche honorable sinon armoriée ; l'oncle qui se privait de tout avait peut-être plus encore qu'il ne le laissait supposer; il gagnerait de l'argent au palais ; on est très plaideur, à Toulouse, et la Garonne, dans ses eaux qu'une poussière d'ocre rend fauves, roule presque autant de procès que de mensonges. Pourquoi n'aurait-il pas été digne d'être aimé?

Sans être un bellâtre, il possédait l'aspect viril qui sied à un homme et il avait, dans sa vie d'étudiant, inspiré plus d'un caprice... Mais Georges n'était pas un fat et il estimait encore que son bonheur était très au delà de ses mérites. Car il n'est bonheur plus grand que d'obtenir celle qui vous est chère, que de voir se rapprocher la distance entre votre cœur et celle qui le doit remplir.

Huit jours après, les choses avaient pris déjà une certaine et tranquillisante tournure. On n'en était plus aux insinuations timides. On discutait déjà la date possible et les conditions du mariage, — entre parents cela. —

Mais on permettait surtout à Georges et à Pauline de se voir plus librement, de causer plus seul à seul, ensemble, et tous deux en paraissaient également heureux.

III

Alors commença, pour eux, cette vie délicieuse qui est faite d'un échange d'espérance en attendant le bonheur dont on se croit assuré. Ce sont assurément les meilleures heures de la vie que celles qui passent ainsi comme une eau limpide où se reflète le ciel, où courent les nuées et les fleurs immobiles du rivage. L'avenir leur apparaît comme un horizon qu'emplit la sérénité de l'aurore. Tout le temps qu'ils étaient séparés était rempli par le rêve l'un de l'autre. Les soirées leur semblaient trop courtes et les matins trop tardifs. Qu'il est charmant ce prologue de l'amour qui sera un drame ou une comédie, suivant le caprice du destin!

La nature pyrénéenne faisait un décor admirable à leur tendresse ; ils se promenaient à la musique des torrents, à travers les grandes ombres des montagnes que le soleil déclinant allongeait à terre comme des dragons merveilleux dans un air frais embaumé de fleurs sauvages, et quand les premiers regards des étoiles soulevaient çà et là la grande paupière bleue du ciel, toutes les solennités de la nuit descendaient dans leur âme et leurs mains se joignaient, tandis que leurs yeux n'avaient plus qu'un seul rayon où se confondaient leurs deux pensées.

Pauline apparaissait plus belle encore à Georges sous ces clartés blanches de lune découpant de larges bandes sur les chemins, allumant aux cimes des buissons des lumières mystérieuses, comme si l'âme des lucioles y fût montée de la profondeur des gazons. Elle semblait la reine de cette grande fête des choses silencieuses et recueillies que célébrait dans la profondeur des taillis la voix solitaire du rossignol.

L'abbé Vincent avait une confiance trop

absolue dans l'honnêteté de son neveu pour se croire obligé de surveiller ces entretiens et les d'Armières connaissaient trop bien la fierté native de leur fille pour rien redouter de cette intimité. Quant aux convenances du monde, il y avait peu à s'en occuper dans cette façon de Thébaïde. Aussi leur permettait-on d'être heureux du bonheur si souvent refusé aux fiancés des villes qui ne causent guère que de choses insignifiantes et devant témoins.

Il n'y avait qu'une chose qui tourmentait vraiment l'excellent doyen d'Ornolach. Quand nos amoureux choisissaient son jardin pour marcher à côté l'un de l'autre, ils manquaient rarement de cueillir des fleurs, et l'abbé tenait démesurément à la parure de son jardin. C'était le seul bien dont il fût vraiment avare. Aussi, lui arrivait-il, tout en s'en faisant des reproches à lui-même, de s'embusquer sur leur route et plus d'une fois leur fit-il peur en surgissant devant eux au détour d'une allée, au moment où leur main sacrilège allait commettre quelque profanation.

Il se heurtait à l'impossible. Les fleurs attireront toujours la main de l'amour. Ne semblent-elles pas faites tout exprès pour être jetées sous les pieds de l'adorée et y mêler leur dernière haleine au souffle tremblant du désir. Mais c'était un point de vue dont le brave homme avait particulièrement horreur.

Il faillit donc tomber suffoqué à la renverse, le jour où il vit Pauline couper, en ensanglantant ses jolis doigts que Georges voulait couvrir de baisers, le plus beau bouton de sa *Rosa mystica*, un bouton presque épanoui déjà et semblant la bouche de marbre d'une statue qu'entr'ouvrirait un immortel sourire.

— Ah! mes enfants, c'est trop fort, s'écria-t-il, aussi parfaitement scandalisé que si quelque drôle eût touché aux vases sacrés de son église.

Et il faisait un si grand effort pour ne pas pécher, en se mettant en colère, que les pivoines elles-mêmes semblaient pâles auprès de son visage congestionné par le désespoir.

Pauline toute interdite laissa tomber la fleur à terre.

L'abbé s'élança pour la ramasser de peur que Georges, dans un mouvement brusque pour la saisir, ne mit son pied dessus. Il prit la tige où la blessure légère de la main de la jeune fille avait mis un filet de carmin, une perle de rubis courant entre les diamants clairs de la rose. Peu s'en fallut qu'il ne baisât le bouton de rose pour la consoler. La bonté naturelle reprit vite d'ailleurs le dessus sur cette subite mauvaise humeur.

— Tu t'es blessée, pauvre petite? fit-il doucement à la jeune fille.

Voyant sa fureur passée, Pauline lui sourit avec une expression dans le regard, qui demandait pardon.

Très gravement, le doyen d'Ornolach lui rendit, avec un adieu dans le geste, la *Rosa mystica* que sa chute sur le sable avait complètement ouverte.

— Donne-la à Georges, dit-il, et que Georges la garde toujours! Cette fleur n'est pas pareille à toutes les autres et peut-être a-t-elle une autre âme qui consolera la vôtre aux mauvais jours que nul n'est certain d'éviter.

Georges porta la fleur à ses lèvres et, de grandes herbes que le soleil avait dorées, il fit une façon de bouquet autour d'elle, pour la mieux protéger et l'emporter plus sûrement à la meilleure place du reliquaire qu'emplissaient déjà ces riens charmants qui sont, pour les amoureux, comme l'herbier des souvenirs.

Ce fut le seul événement dont fut troublée cette vie calme et faite de tranquilles délices. Le temps marchait, amenant l'heure promise, portant à la main, non pas la faux symbolique, mais la clef d'or du paradis.

En septembre eurent lieu les noces à Toulouse, dans cette belle église de Saint-Sernin qui est, assurément, un des plus beaux échantillons de l'art roman en France, sous ces nobles voûtes arrondies dont, depuis tant de siècles, les volutes bleues de l'encens viennent baiser les pierres grises et polies, dans le rayonnement multicolore des vitraux tamisant des lumières rouges, jaunes et azurées, qui mettaient sur les dalles comme les vibrations d'un tapis d'Orient. L'abbé Vincent avait obtenu d'officier pour la circonstance. Il était très ému en parlant aux jeunes époux et c'était comme une inquiétude dans le regard qu'il

16.

avait en caressant des yeux la candeur des vêtements de Pauline pareille à une statue dans sa robe blanche, plus mystérieuse que jamais sous ces symboliques habits de la vierge qui abjure et les jettera, le soir même, comme une fauchée de lis, à ses pieds. Qui ne s'est demandé souvent le destin de ces immaculées de la dernière heure, qui n'ont que cette armure de tulle et pour casque un bouquet d'oranger pour se ruer aux rudes combats de la vie.

Georges, lui, était absolument éperdu devant cette beauté souveraine. Tous ces chants, tous ces encens, tous ces hosannas de l'orgue tonnant à toutes volées, tout ce beau culte païen dont Toulouse, la Romaine, a gardé le secret, et qui la fait si délicieusement idolâtre, tout, pour Georges, s'adressait à la déesse vivante aux pieds de laquelle lui-même était agenouillé. Toutes ces liturgiques splendeurs l'emplissaient d'extase et un hymne d'amour infini, d'amour à la fois divin et profane, lui montait du cœur aux lèvres, prêt à se mêler aux pieux versets dont la voix aigrelette des enfants de chœur jetait dans l'air les mots incompris.

Nous nous arrêterons, s'il vous plaît, au seuil de la maison où Georges conduisit ensuite sa femme, une de ces maisons de brique avec une cour intérieure plantée de glycines et de catalpas, comme on en trouve encore dans les rues qui descendent à la Garonne. Un avocat en renom, que son habitude du bavardage avait tout naturellement destiné au Parlement, y avait installé un cabinet qu'il cédait à Georges et dont celui-ci entendait bien maintenir la supériorité.

Mais qui peut asseoir sa vie sur de solides desseins? Les deux premières années de ménage se passèrent assez doucement. On avait orné un berceau et brodé un trousseau blanc pour un bébé qui ne vint pas. Le berceau demeura comme un nid qu'ont abandonné les oiseaux à peine achevé, parce qu'on a découvert leur retraite; le petit trousseau blanc fut replié au fond d'une armoire vaguement parfumé d'iris. Un grand ennui sembla s'emparer de Pauline. Georges essaya inutilement de l'en distraire jusqu'au jour où elle lui déclara qu'elle consentait à aller vivre à Paris avec lui. C'était le sacrifice de tous les efforts tentés pour obtenir une clientèle à Toulouse. Il le fit avec la résignation toujours facile à l'homme qui aime et qui justifie ce beau mot d'Ad. Kempis disant de l'amour : *Onus sine onere portat et fert æqualiter omne enæquale.*

IV

Nous franchirons d'un bond les trois années qui séparèrent ce projet immédiatement réalisé de la catastrophe dans laquelle devait enfin s'engloutir le bonheur si doucement rêvé à Ornolach dans le jardin planté de roses de l'oncle Vincent. L'histoire est malheureusement trop commune pour qu'il soit nécessaire de la conter dans ses pénibles détails. Ce que Pauline était venue chercher à Paris, ce n'était pas une somme de distractions mondaines plus grande qu'à Toulouse, comme elle l'avait dit à son mari, mais l'occasion de revoir un officier d'artillerie qui lui avait fait la cour là-bas et dont elle avait conservé une de ces impressions dominatrices qui sont, pour les femmes, la forme la plus fréquente de la fatalité.

Nous ne nommerons même pas le séducteur vulgaire, un brave et loyal garçon, très inconscient, et ne croyant pas que la morale pût toucher aux choses de l'amour, en quoi il donnait la preuve d'un bien médiocre esprit car, par leur délicatesse même, par l'absence de sanction légale à leurs écarts et à leurs vertus, ces choses sollicitent les plus nobles susceptibilités de l'âme et demandent une honnêteté autrement difficile que celle que les codes ont pratiquement et exclusivement consacrée. Il ne s'était pas dit assurément qu'un jour le sort de cette femme qu'il croyait aimer s'engloutirait, pour ainsi parler, comme un vaisseau qui sombre, sous les flots de honte et d'amertume que cet amour même amoncelait, dans une ombre menteuse, pour elle.

Ce jour vint cependant. Georges était un homme de cœur, et quand son déshonneur lui fut révélé, il chassa l'indigne de son toit et le quitta, lui-même, sans regarder en arrière, comme un homme qui redoute les lâchetés de l'habitude et du souvenir. Or tout le mobilier de jeunes mariés dont chaque objet fut choisi par une tendresse, parut à celui dont Henri Mürger disait si bien :

Ce vieil ami de notre amour!

Il n'emporta que sa bibliothèque et tout ce qui tenait à la mémoire de sa propre famille, en particulier à celle du bon doyen d'Ornolach, à l'abbé Vincent, à qui Dieu avait fait la charité de le rappeler à lui, avant qu'il assistât à ce lamentable spectacle de deux enfants qu'il avait aimés, qu'il avait unis et qui étaient séparés pour jamais.

Dans un autre quartier que celui qu'il avait choisi en arrivant à Paris, suivant le goût fastueux de sa femme, aux portes mêmes du Bois de Boulogne, il s'en fut vers les rues qui bordent le jardin du Luxembourg, que George Sand aimait tant à voir de ses fenêtres et où son visage de marbre serait mieux placé que dans aucun carrefour parisien. Là, il se fit une vie de célibataire, une vie studieuse et désintéressée de travaux mercenaires, grâce au petit patrimoine que lui avait laissé l'abbé Vincent. Il fit de l'oubli de celle qui l'avait si indignement trahi la première condition de la dignité d'une existence nouvelle, et quand la pensée lui en revenait dans une angoisse secrète de son cœur, vite il chassait, comme un spectre importun et dangereux à son repos, le fantôme des joies abolies, des rêves brisés, de tout ce qui avait été si longtemps lui-même et le meilleur de lui-même.

Le sentiment de sa propre valeur lui dictait cette haute façon de sentir et d'agir. Car il s'en fallait bien que l'amour fût mort en lui de celle qu'il avait si uniquement et si saintement et si follement aimée. Mais cet amour lui était une honte, une honte et une sauvegarde à la fois. En pleine maturité virile, il le défendait des liaisons qui dégradent et qui ne consolent pas. Il était comme l'armure sur le froc monastique des anciens défenseurs du Saint-Sépulcre à Jérusalem. Lui aussi n'était-il pas le gardien d'une tombe grande ouverte dont un Dieu était parti, le Dieu des tendresses sacrées et des aspirations vers l'infini ? Il s'était lentement fait au poids de cette vie d'anachorète et le portait avec un sourire de supplicié aux lèvres, mais dont son orgueil cachait l'amertume aux indifférents.

Ainsi vivait-il dans une certaine sérénité de conscience, sans plus rien demander à la vie, et il avait raison. Mais la lutte contre lui-même avait été si vive! Elle lui apparaissait encore quelquefois, cette Pauline tant aimée, avec sa belle chevelure noire descendant comme un fleuve d'ombre sur les collines liliales des épaules, avec son regard mystérieux dont le foyer roulait un monde d'imperceptibles étoiles, avec sa bouche dont les silences mêmes avaient une musique de baisers envolés. Entre son livre et lui elle se dressait, comme si une page en se tournant eût fait passer un souffle entre les ailes abaissées d'un fantôme et les eût rouvertes. Alors il se sentait pâlir, puis rougir, comme si son visage eût été un fer où passaient les flammes du volcan qui était son cœur. Il se levait, il courait à la croisée, l'ouvrait toute grande, et sur son balcon où la bise lui fouettait la face, il plongeait dans l'infini du paysage comme pour y chercher un lac frais et bleu pour éteindre ce brasier.

Quelle idée lui avait pris de remuer ce soir-là sa bibliothèque? Il était tard déjà, et minuit sonnait, allait sonner plus bruyamment que de coutume, parce que c'était la nuit de Noël où les cloches appellent les mages et les bergers d'antan, ceux-ci dans leurs robes brodées et ceux-là sous les toisons en loques dont la laine est restée aux buissons des chemins.

Tout à coup, d'un coffret qu'il avait pris maladroitement pour le tirer des rayons, une fleur tomba, une fleur séchée, une rose qui avait été blanche et n'était plus qu'un squelette de feuilles jaunies où les pétales déchirées se tordaient dans une sorte de recroquevillement. La tige seule à laquelle pendaient d'autres feuilles cassantes d'un vert presque brun donnait quelque poids à cette relique. Il tira machinalement encore une touffe d'herbes défraîchies dont la rose avait été enveloppée sans doute autrefois.

Un frisson lui passa par tout le corps. Il avait reconnu la *Rosa mystica* cueillie au jardin du doyen d'Ornolach, le jour qu'il n'avait pas oublié et qui lui avait semblé le plus beau de sa vie, la rose d'amitié que Pauline lui avait donnée et que l'abbé Vincent l'avait adjuré de garder toujours. Et il se souvenait. Et des larmes lui montaient aux yeux! Et il se sentait comme défaillir dans sa mémoire cruellement réveillée. Il allait jeter, pour rentrer en possession de lui-même, ce rien maudit dans le feu qui flambait dans l'âtre. Mais il pensa que ces cendres elles-mêmes pourraient lui être un dernier ensorcellement.

D'un geste fiévreux, avec cette violence que donne le désespoir, plein de colère, il jeta le bouquet flétri par la croisée, le plus haut qu'il put, au hasard, comme s'il eût espéré que le vent l'emporterait par-dessus toutes les maisons aux toits blancs de neige. Puis il repoussa brusquement la vitre et demeura longtemps assis, le front entre les mains, les cloches ne tintant plus à ses oreilles que dans un vague bourdonnement confondu aux bruits joyeux de la rue où les réveillonneurs se ruaient à l'assaut des charcuteries.

V

Vous ai-je dit qu'une période de dix ans avait séparé cette nuit du jour où la séparation avait eu lieu, irrévocable entre Georges et sa femme. Ces dix ans avaient été gros d'événements extérieurs et, à côté de ce drame intime, un autre drame s'était joué terrible, monstrueux ; un grand peuple était tombé du faîte de ses gloires ; la France vaincue était mutilée : une page de sang de plus était écrite au livre tragique de l'histoire.

Nous ne voulons donner qu'un rapide souvenir à ce temps maudit. Parmi tant de morts couchés sous la mitraille allemande, nous n'en voulons reconnaître qu'un seul dont le trépas devait racheter la vie, l'officier qui avait été aimé de Pauline et qui était parti tout mouillé des larmes de l'adieu. C'était la fin que pouvait souhaiter un homme de cœur. Mais si la balle qui le frappa lui avait laissé le temps d'un regret et d'un remords, que cruelle dut être sa dernière pensée! celle qu'il avait dû quitter et dont il avait brisé la vie, il ne l'avait pas laissée seule; trois enfants étaient nés de cette liaison funeste. Qu'allait devenir tout cela! c'est une pitié qu'a la mort pour les soldats qu'elle foudroie d'un seul coup sans leur permettre même un regard en arrière vers ceux qui les attendent encore et qui les pleureront demain!

Pauline était donc seule depuis ce terrible événement, j'entends sans soutien et vivant à grand'peine des débris de sa fortune. Celle-ci avait dû être plus considérable; mais d'excellents parents avaient profité de sa faute pour ramener à eux des héritages sur lesquels elle semblait pouvoir compter. C'est un bon procédé auquel on manque rarement dans les familles. Un autre chagrin s'était greffé sur son immense douleur de veuve. L'aînée de ses petites filles était morte à trois ans, une enfant qu'elle adorait entre toutes, un petit ange blond dont les ailes un instant repliées, s'étaient, un beau jour, rouvertes.

Les deux autres avaient grandi. Elles se nommaient Marie et Marthe. Par un de ces hasards qui rapprochent ceux-là justement qui se voudraient fuir, Pauline était venue demeurer dans le même quartier que Georges, sur la rive gauche aussi, dans une rue voisine de la sienne et du grand jardin que domine le palais du Sénat. Elle y avait trouvé l'air meilleur pour ses enfants et le Luxembourg n'avait pas de visiteuses plus assidues que la mère et ses deux petites filles.

Pauline d'Armières était restée belle, bien que le chagrin, avant l'âge, eût mis dans sa superbe chevelure quelques-uns de ces fils blancs pareils à ceux que tendent, entre les feuillages déjà noirs, les araignées automnales. Sur ses yeux aussi, un voile semblait avoir laissé sa mélancolie, un voile pareil à ses brumes de septembre où s'enveloppe l'éclat des dernières fleurs. Le sourire hautain qui avait été un de ses charmes victorieux, avait disparu de ses lèvres que plissait, au coin, un frisson d'amertume. Elle avait pris un peu d'embonpoint, comme il arrive souvent à ceux dont une douleur morale a fait la vie plus sédentaire. Mais elle avait néanmoins gardé toute la noblesse de sa taille et toute l'aristocratie native de sa personne.

Beaucoup l'admiraient, au passage, quand elle suivait de l'œil Marie et Marthe jouant sous les marronniers, se poursuivant comme des oiseaux, effarouchant de l'envolée de leur petites jupes les moineaux familiers pourtant qui enflaient leurs ailes en roulant leur ventre dans le sable chaud que dorait le soleil. Cette femme toujours en deuil et silencieuse, à la voix douce quand elle parlait à ses enfants, passait dans l'indifférence des verdures fleuries et de la foule avec l'auréole de quelque peine dignement supportée. Et, de fait, si Georges n'avait su lui inspirer le sentiment durable sur lequel peut reposer seul le bonheur d'un ménage, elle était demeurée irrévocablement fidèle à l'amant qu'elle s'était choisi dans sa vie, au mort tombé là-bas dans la grande tuerie et dont les lèvres mourantes avaient dû prononcer son nom.

C'est un fait que les gens qui logent le plus près les uns des autres, ne se rencontrent pas à Paris. J'y ai connu des voisins de quartier qui ne s'étaient jamais vus. Telles habitudes excluent tout rapprochement avec gens d'habitudes contraires. A la rigueur, et dans une hypothèse un peu fantaisiste, j'en conviens, deux locataires pourraient occuper le même appartement sans s'en apercevoir. On m'a affirmé que cela s'était passé quelquefois aussi dans des maisons meublées.

Je n'ai donc pas à vous expliquer comment Georges et Pauline que quelques murailles à peine séparaient ne s'étaient jamais trouvés sur le chemin l'un de l'autre. Tous deux, dans une de ces affinités mystérieuses dont on chercherait inutilement le secret, affectionnaient cependant la même promenade, une certaine allée du Luxembourg, aux marronniers plus hauts que les autres. C'est le matin que Georges y venait rêver sous l'oblique lumière qui montait de l'orient, dans le grand hymne de réveil des pinsons et des fauvettes. Il y marchait lentement, buvant cette fraîcheur des premières heures du jour qui souvent est un apaisement de la pensée, un livre ouvert entre les doigts, mais le regard perdu vers les feuillages frémissants sous la brise, où vers les maisons rosées par cette lumière d'aurore.

C'est vers cinq heures, au contraire, dans la mélancolie du soleil déclinant et brodant un feston rouge à la longue robe d'azur du ciel que celle qui avait été Mlle d'Armières, une femme honorée, et n'était plus rien qu'un être déclassé, suivait le même chemin, distraite seulement par les jeux de ses fillettes. Que de fois, leurs pas, à l'un et à l'autre, avaient dû rencontrer le même grain de sable! combien de fois leurs yeux, sans se rencontrer, avaient-ils fixé la même fleur dans le même parterre! qui sait, si, sans nous en rendre compte d'ailleurs, nous ne ressentons rien de ces apparents hasards qui marient, dans l'espace, des effluves mystérieuses. Ne laissaient-ils rien de leur regard, rien de leur âme aux choses qui leur étaient communes encore après la séparation? Une pensée montait peut-être ainsi de l'un à l'autre que l'un et l'autre refoulait au plus profond de ses oublis.

Les choses se passaient ainsi durant les beaux jours, depuis le premier sourire du printemps jusqu'au dernier rayon du soleil d'automne. Le Luxembourg est bien déserté en hiver, sauf des jeunes polissons qui y guettent, sur la glace encore indécise et flottante des bassins, l'espoir d'une de ces bonnes parties de glissade qui se terminent toujours par une chute dont la tête ne reçoit pas la meurtrissure.

VI

Noël ! nous étions à Noël quand nous avons laissé Georges, refermant sa croisée, après avoir jeté au vent, cette fleur maudite, autrefois adorée, la *Rosa mystica* et son enveloppe d'herbes séchées. C'était Noël aussi pour Pauline, une Noël triste aussi ; car elle ramenait l'anniversaire de la mort de sa petite fille et comme un redoublement de ses douloureux souvenirs. Il fallait bien cependant songer aux enfants qu'on n'a pas le droit de priver de fêtes parce que les fêtes nous sont devenues, à nous qui avons vécu, de bruyantes tristesses. Ce serait un mal que de ne leur pas apprendre qu'il est dans l'existence, quelques jours heureux où la joie est permise. Ce serait une impiété que de priver leur jeune esprit de toutes les superstitions charmantes qui furent la poésie vivante de nos premières années.

Pauline le comprenait bien et elle s'était fait une gaieté feinte pour ne pas attrister cette journée dont Marie et Marthe s'étaient promis tant de bonheur. Dès la veille au soir ces deux mignonnes avaient été mettre leurs petites chaussures dans la cheminée. Elles attendaient minuit et leur mère avait fait d'inutiles efforts pour les décider à s'endormir, leur assurant que les présents du petit Jésus les attendraient bien jusqu'au lendemain matin. Elle-même avait feint de se coucher de bonne heure pour leur donner l'exemple. Mais sous leurs draps tièdes, éveillées comme des souris, les deux petites causaient tout bas :

— Pourquoi n'avons-nous pas mis aussi les souliers de notre petite sœur? demanda soudain Marie.

— Parce qu'elle est morte, répondit Marthe avec le sérieux que lui donnait un an de plus.

— Morte! répétait Marie... morte!

Et son accent voulait bien dire que ce mot n'avait aucun sens pour elle.

— J'ai envie de les mettre tout de même sans rien dire à maman. Si ça allait la faire revenir?

— Comme tu es enfant, se contenta de répondre Marthe.

Marie se leva; elle savait où sa mère gardait les reliques de la petite trépassée, là où elle allait pleurer souvent en les regardant. Marchant elle-même pieds nus pour ne faire aucun bruit, elle alla mettre les petits souliers qu'elle avait trouvés dans ce sanctuaire du souvenir à côté des siens et de ceux de Marthe. — Puis frileuse, elle grimpa dans son lit et le referma vivement sur sa petite face essoufflée.

Marthe avait fini par s'endormir pendant ce temps-là... à minuit qui ne venait toujours pas, bien que les cloches l'appelassent à grand fracas et que la gaieté des réveillons prochains emplît déjà les rues voisines.

Marie finit, de lassitude, à faire comme sa sœur.

Mais le jour n'avait fait passer encore qu'une bande de clarté pâle entre les rideaux que toutes deux sautaient de leur couche pour courir à la cheminée.

Pauline, qui les avait entendues, y était arrivée avant elles. Elle voulait jouir de leur surprise et aussi présider avec intégrité à la distribution des cadeaux que le Dieu naissant avait peut-être un peu jetés au hasard. C'est donc elle qui, maintenant l'impatience de ces demoiselles, souleva la plaque baissée comme un rideau de théâtre sur la pièce joyeuse qui s'allait jouer dans un instant.

Mais tandis que les deux petites filles se précipitaient, elle se releva toute pâle et dut se cramponner à un meuble pour ne pas tomber à la renverse.

Mon Dieu! Mon Dieu! avait-elle bien vu! Est-ce que là-haut c'étaient les enfants qui, du ciel, envoyaient durant la nuit de Noël, des présents à leur mère ! Toutes les folies lui passèrent, en un instant, dans le cerveau.

Et se remettant à genoux, elle regardait encore : elle regardait dans les souliers de la petite morte un bouquet de plantes flétries, une rose blanche s'effeuillant sur des verdures desséchées... et elle pensa à la *Rosa mystica* autrefois cueillie, autrefois baisée tant de fois.

Vous savez comme moi ce qu'il y avait de vérité dans cet effort de divination. Car vous aussi vous l'avez deviné et plus aisément qu'elle. C'était bien la *Rosa mystica* fanée, et ce bouquet était celui que, quelques heures auparavant, Georges avait jeté au hasard, en l'air, par-dessus les toits neigeux et qui, parce que vous nommerez hasard, si vous êtes sceptiques, — providence, si vous êtes croyants aux choses de l'âme, — était allé justement tomber dans la cheminée où attendaient les chaussures ouvertes des petits enfants.

Et se souvenant de l'abbé Vincent et de sa grande colère, puis de son pardon, puis de sa mort au temps qu'elle était heureuse encore, un peu de religion lui revint dans la grande malédiction qu'elle avait conçue contre la destinée. Elle résolut d'aller à la messe le lendemain, une messe basse et bientôt dite, mais qui lui rappellerait sa jeunesse pieuse et cette jolie chapelle de Saint-Sernin, à Toulouse, où elle allait s'agenouiller tout enfant. Georges, lui, était déjà revenu à ses pratiques qui demeurent encore une des consolations les mieux trouvées aux grandes douleurs de la vie. Ce fut donc tout naturel, cette fois, qu'au même seuil se rencontrassent ceux dont les chemins avaient toujours semblé s'éloigner. Tous deux allaient toucher aux portes grandes ouvertes devant les fidèles. Leurs yeux se croisèrent et ils demeurèrent immobiles en face l'un de l'autre, comme fixés au milieu de cette foule qui entrait. Quel cycle immense peut parcourir, d'un seul bond, la pensée à certains instants de la vie! Au changement de leurs traits, à la vieillesse trop tôt venue, ils mesurèrent la douleur qu'ils avaient supportée l'un loin de l'autre et sentirent que leurs deux abîmes avaient eu le même fond. Ils apprirent que, séparés par la vie, ils avaient été réunis par la souffrance.

Il fit un pas le premier et, franchissant la porte, trempa son doigt dans le bénitier, puis, sans la regarder, il lui tendit le bout de sa main mouillée. Et elle comprit que c'était le pardon.

Ainsi Marie et Marthe, les deux orphelines, retrouvaient un père, et la douce superstition de l'abbé Vincent fut justifiée, par cette fleur, qu'il avait appelée : *Rosa mystica*, et qui faisait si impérissable le souvenir qu'on eût dit qu'elle avait elle-même une âme où elle le gardait embaumé.

TABLE DES MATIÈRES

	Pages.
Maïma	1
L'Abbé d'Arthès	43
Sortilèges	83
Jean Monnereux	99
La Comtesse Éliane	113
Monsieur Martin	127
Miracle de Noel	141
Une Demande en Mariage	153
Légende sombre	167
Vengeance de Mari	177
La Belle Sarah	189
Le Buis	201
L'Ange du Remords	211
L'Irrémédiable	221

TABLE DES MATIÈRES.

	Pages.
Héléna	231
Claudia	241
Lycisca	253
Rosa Mystica	263

Paris. — Typ. G. Chamerot, 19, rue des Saints-Pères. — 22689.

CATALOGUE

DE LA

LIBRAIRIE FRANÇAISE

ALPHONSE PIAGET

ÉDITEUR

PARIS

16, Rue des Vosges, 16

Janvier 1888

Ce Catalogue annule les précédents.

*Les Ouvrages portés dans ce catalogue
sont envoyés* FRANCO *contre toute demande
accompagnée de son montant en
timbres-poste, mandats-poste ou chèques sur Paris.*

COLLECTION IN-18 JÉSUS

à 3 fr. 50 le volume

Collection in-18 jésus, à 3 fr. 50

BLANCHET DE MUSSY

L'Actionnaire Merluchon. Les Chemins de fer et leur personnel. Illustré de 240 dessins humoristiques, par Henry Hamel . . . . 1 vol.

BOUBÉE (Simon)

Main-de-cire. Roman parisien . . . . . 1 vol.

CARAGUEL (Joseph)

Les Barthozouls. Mœurs languedociennes. Roman. 2ᵉ édition . . . . . . 1 vol.

CLADEL (Léon)

Mi-Diable. Roman. Illustrations de Galice. Couverture coloriée d'après Giraldon et Galice. 3ᵉ édition . . . . 1 vol.

Gueux de marque. 2ᵉ édition . . . . . 1 vol.

CONTI (Henri)

Vierge et Mère. Roman. 4ᵉ édition . . . 1 vol.

DELCOURT (Pierre)

Le Vice à Paris. 4ᵉ édition . . . . 1 vol.
Le Vol à Paris. . . . . 1 vol.

DURANTIN (Armand)

Le Carnaval de Nice. Roman. Couverture illustrée par Gorguet . . . . 1 vol.

DUVAL (Georges)

Fils de Loups. Roman. 2ᵉ édition. . . . . 1 vol.

FIDUS

Journal de dix ans. . . . . 2 vol.

GANDILLOT (Léon)

Vers amoureux. . . . . 1 vol.

GASTYNE (Jules de)

Le Bâtard légitime. Roman . . . . . 1 vol.

L'ANGLE BEAUMANOIR (Raoul de)

La Correspondance de Harper's Ferry. Roman. Couverture illustrée par Gorguet . . . . 1 vol.

LAROCQUE (Jean)

LES VOLUPTUEUSES. **Issy.** Roman . . . 1 vol.
    Id.   **Viviane.** Roman. 1 vol.
    Id.   **Odile.** Roman . 1 vol.

LEMONNIER (Camille)

Le Mort. Le Doigt de Dieu, le Vieux Sonneur, l'Hôte des Quadvliet. Dessin de C. Meunier . . . . 1 vol.

LORY-DABO

Le Tueur de gueuses. Roman. Couverture illustrée par Ferdinandus . . . . . 1 vol.

MANOËL DE GRANDFORT

Confessions féminines. Illustrations de
Fau. Couverture coloriée d'après Giraldon et Fau. . . . . 1 vol.

MENDÈS (Catulle)

Robe montante. Dessin de J. Roy.
4ᵉ édition . . . . 1 vol.

MONTEIL (Edgar)

Le Roman du Roman. Roman . . . . . 1 vol.

RACHILDE

Nono. Roman. Couverture coloriée d'après
Orazi. 4ᵉ édition . . . . 1 vol.
La Virginité de Diane. Roman. Illustrations de Galice. Couverture en couleur de Giraldon et Roy . . . . 1 vol.

ROCHEFORT (Henri)

50 pour 100. Roman. Couverture coloriée
et illustrée par J. Roy. 8ᵉ édition . . . . 1 vol.

ROUQUETTE (Jules)

Ce que coûtent les femmes. Roman. Couverture coloriée et illustrée par Choubrac . . . . 1 vol.

SAUTON (Georges)

Les Détraquées. Couverture illustrée et coloriée par J. Roy. . . . . 1 vol.

SAUVENIÈRE (Alfred de)

Idylle rouge. . . . . 1 vol.

SILVESTRE (Armand)

Histoires inconvenantes. 6ᵉ édition . . 1 vol.

SIRVEN (Alfred)

Etiennette. Roman. Couverture coloriée par A. Clérice . . . . 1 vol.

TESSIER (Henri)

La Marée sanglante. Roman . . . . . 1 vol.

TINCHANT (Albert)

Les Fautes. Illustrations de Willette, Uzès, Pille, Fau, Salis, Rivière, Caran d'Ache, etc. Couverture illustrée et coloriée par G. Auriol . . . . 1 vol.

VARD (Adolphe)

Heures noires et nuits blanches. Poésies d'un ouvrier. Couverture illustrée et coloriée. . . . . 1 vol.

VILLIERS DE L'ISLE-ADAM (Comte de)

L'Eve future. Roman. Couverture illustrée par Gorguet. 3ᵉ édition . . . . . . 1 vol.

L'Amour suprême. Dessins de Gorguet. 1 vol.

COLLECTION JOYEUSE ILLUSTRÉE

IN-8º CAVALIER

à 5 francs le volume

COLLECTION JOYEUSE ILLUSTRÉE

à 5 fr. le volume in-8° cavalier

(Tirage à petit nombre sur papier du Japon à **20** francs le volume.)

ANGE BÉNIGNE

A demi-mot. Dessins de Paris. Couverture coloriée de J. Roy, ... 1 vol.
    1 ex. sur japon.

CLADEL (Léon)

Petits cahiers. Dessins et couverture illustrée par A. Gambard. . . . . 1 vol.

Les Contes de Figaro, par les collaborateurs du *Figaro*. Dessins et couverture illustrée par Myrbach. . . . . . . 1 vol.
    2 ex. sur japon.

DE LYNE (Henri)

Le Lieutenant Cupidon. Joyeusetés militaires. Couverture et illustrations de Jeanniot. . . . . 1 vol.
    1 ex. sur japon.

GUY DE MAUPASSANT

Clair de lune. Dessins de ROCHEGROSSE, GRASSET, ADRIEN MARIE, RENOUARD, etc. Couverture illustrée par LIEIRIS. . . . . 1 vol.

GUY DE SAINT-MÔR

Péchés mortels. Dessins de ROCHEGROSSE, MARS, ADRIEN MARIE, DESTEZ, ROY, etc. Couverture en couleur de J. ROY . . . . 1 vol.

1 ex. sur japon.

DUBARRY (ARMAND)

Monsieur le Grand Turc. Illustrations de LIEIRIS, J. NOËL et ORAZI. Couverture coloriée . . . . 1 vol.

1 ex. sur japon.

DUBUT DE LAFOREST

Contes à la Paresseuse. Illustrations de WILLETTE, ROCHEGROSSE, ROY, MARS, etc. Couverture coloriée par GALICE . . . . . 1 vol.

FOLEY (CHARLES)

Les Saynètes. Illustrations et couverture coloriée par J. ROY . . . . 1 vol.

GAYDA (Joseph)

Ce brigand d'Amour. Illustrations à l'eau-forte et couverture coloriée par L. Legrand . . . . 1 vol.
    1 ex. sur japon.

LAVEDAN (Henri)

Reine Janvier. Illustrations et couverture coloriée par Gorguet . . . . 1 vol.
    4 ex. sur japon.

LEMONNIER (Camille)

Les Concubins. Illustrations et couverture coloriée de Fau . . . . 1 vol.

MAISONNEUVE (Thomas)

Amours de Fauves. Illustrations de Bac, Fau et Galice. Couverture coloriée de Bac . . . . 1 vol.

MENDÈS (Catulle)

Lila et Colette. Illustrations de Gambard et Roy. Couverture coloriée de Roy . . . 1 vol.

MONTAGNE (Edouard)

La Feuille à l'envers. Illustrations de Fau et Gorguet. Couverture coloriée de Gorguet. . . . .   1 vol.

1 ex. sur japon.

RICHARD (Charles)

Malingreux. Dessins et couverture coloriée de Gambard . . . .   1 vol.

7 ex. sur japon.

TALMEYR (Maurice)

Histoires Joyeuses et Funèbres. Dessins et couverture coloriée de Lunel   1 vol.

ULBACH (Louis)

Amants et Maris. Illustrations de Bac. Couverture coloriée de Roy . . . .   1 vol.

LES PREMIÈRES ILLUSTRÉES

PIÈCES DE THÉATRE

PUBLICATIONS THÉATRALES

LES
PREMIÈRES
ILLUSTRÉES

Les *Premières illustrées* — vingt-quatre livraisons par an — paraissent régulièrement tous les dix jours, pendant la saison théâtrale, par fascicules de huit pages, sur très beau papier grand aigle. Chaque fascicule, renfermé dans une élégante couverture, contient : 1° un compte rendu de la pièce à succès, comprenant une analyse de l'œuvre nouvelle ; 2° des croquis de décors, de scènes et de costumes, des portraits, des culs-de-lampe, des têtes de pages et des lettres ornées ; 3° un magnifique hors-texte, en couleur, en taille douce ou à l'eau-forte, donnant la scène principale, le clou de la pièce, avec le portrait des artistes ou de l'auteur.

TEXTE
DE

Emile Blavet, Henry de Lapommeraye, Louis Ganderax, Léon Gandillot, Hugues Le Roux, Henri Kéroul, Un monsieur en habit noir, Edouard Noël, Guy de Saint-Mor, Francisque Sarcey, Auguste Vitu, etc., etc.

DESSINS
DE

Bac, Clairin, Jau, Gorguet, Lacker, Lunel, Mars, Meunier, Vogel, etc.

DÉCORS
DE

Amable, Carpezat, Chaperon, Jambon, Lemeunier, Meyer, Robecchi, Rubé, etc.

ABONNEMENT
24 FRANCS PAR AN

1 fr. 50 le Numéro

Chacune des six années parues se vend, brochée, **24 fr.**
Cartonnée avec élégante couverture toile et or ou argent, dessin en relief de CHOUBRAC . . **25 fr.**

Abonnement : 24 fr. par An. — 1 fr. 50 le Numéro.

Sommaire des années parues

1re Année, 1881-82

Préface de Henri MEILHAC

1. Lili.
2. Serge Panine.
3. Le petit Faust.
4. Odette.
5. Les Rantzau.
6. Boccace.
7. Quatre-vingt-treize.
8. Françoise de Rimini.
9. Othello.
10. Les Mille et une nuits.
11. Le Jour et la Nuit.
12. Madame le Diable.

2e Année, 1882-83

Préface de Ludovic HALÉVY

1. Tête de linotte.
2. Madame Thérèse.
3. Le Truc d'Arthur.
4. Fanfan la Tulipe.
5. Le Cœur et la Main.
6. Le Roman parisien.
7. Gillette de Narbonne.
8. Le Roi s'amuse.
9. Fœdora.
10. Mam'zelle Nitouche.
11. Henri VIII.
12. La Princesse des Canaries.
13. Lakmé.
14. L'As de trèfle.

Abonnement : 24 fr. par An. — 1 fr. 50 le Numéro.

Sommaire des années parues (*suite*)

3ᵉ Année, 1883-84

Préface de Victorien SARDOU

1. Ma Camarade.
2. Madame Boniface.
3. Le Roi de carreau.
4. François les Bas-Bleus
5. Severo Torelli.
6. Simon Boccanegra.
7. La Farandole.
8. Le Maitre de Forges.
9. 3 Femmes pour un mari.
10. Manon.
11. Babolin.
12. Le Train de plaisir.
13. Sapho.
14. Les autres pièces.

4ᵉ Année, 1884-85

Préface de Henry BUGUET

1. Théodora.
2. id.
3. id.
4. id.
5. Denise.
6. Voyage au Caucase.
7. Messalina.
8. Messalina.
9. Clara Soleil.
10. Une nuit de Cléopâtre.
11. Les Petits Mousquetaires.
12. Le Grand Mogol.
13. Le Prince Zilah.
14. Sigurd.

Abonnement : 24 fr. par An. — 1 fr. 50 le Numéro.

Sommaire des années parues (*suite*)

5ᵉ Année, 1885-86
Préface de Jules CLARETIE

1. Antoinette Rigaud.
2. Mon Oncle.
3. Le petit Poucet.
4. Le Cid.
5. id.
6. La Fauvette du Temple.
7. Sapho.
8. Plutus.
9. id.
10. Une mission délicate.
11. Les Noces improvisées.
12. Joséphine vendue par ses Sœurs.
13. Songe d'une nuit d'été.
14. Chamillac.
15. Bigame.
16. Le Bonheur conjugal.
17. Les Jacobites.
18. id.
19. Un Parisien.
20. Serment d'amour, etc.
21. id.

6ᵉ Année, 1886-87
Préface de Albin VALABRÈGUE

1. Monsieur Scapin.
2. Hamlet.
3. id.
4. Egmont.
5. Gotte.
6. La Cigale et la Fourmi.
7. Un Conseil judiciaire.
8. Plutus.
9. Id.
10. Le Crocodile.
11. id.
12. Id.
13. L'Odéon.
14. L'Odéon.
15. La Comtesse Sarah.
16. Patrie. Les 2 Pigeons.
17. id.
18. Francillon.
19. Numa Roumestan.
20. Le Ventre de Paris.
21. La Renaissance.
22. (Nᵒ double). Opérettes et Vaudevilles.
23. Proserpine, le Roi malgré lui, Lohengrin.
24. Renée, Cléopâtre, Raymonde, Vincenette.

FOLEY (Charles)

Les Bonnes amies. Comédie. In-8°. **1 fr.** »

GUY DE SAINT-MÔR

Ça porte bonheur. Comédie. Illustrations et couverture coloriée de Bac. In-8°. . . . . **3 fr. 50**

1 ex. sur japon à 15 fr.

VALABRÈGUE (Albin)

Le Crime. Comédie. In-18 . . . . **2 fr.** »

VALABRÈGUE (Albin) et BERTOL-GRAIVIL

Les Maris inquiets. Comédie. In-12 . **2 fr.** »

GUY DE SAINT-MÔR

Paris sur scène (Analyse des pièces de l'année théâtrale 1886-87). Beau volume in-18, illustré par Bac, Clairin, Fau, Gorguet, Lunel, Mars, Vogel, etc. . . **3 fr. 50**

BIBLIOTHÈQUE
DU
COIN DU FEU

COLLECTION IN-18

à 3 francs le volume

BIBLIOTHÈQUE DU COIN DU FEU

Collection in-18, à 3 fr. le volume

Cartonné, 4 fr.

Ce titre indique assez que les volumes appartenant à cette collection sont destinés à la famille. Ils conviennent aussi bien aux pères et aux fils, qu'aux mères et aux jeunes personnes.

Nous nous attachons à ne publier dans cette Bibliothèque que des ouvrages d'une utilité incontestable, ou des romans d'une moralité absolue et d'un intérêt captivant. Nous ne voulons pas, sous prétexte de moralité, publier des livres ennuyeux. Nous tenons, au contraire, à ce que convenance et charmante distinction s'y trouvent réunies.

ALDO GENNARI

La Jeune fille bien élevée. Traduction de l'italien de Mlle Favez . . . . 1 vol.

CÈRE (ÉMILE)

Les Petits patriotes . . . . 1 vol.

DE NOGENT (Mme)

Catéchisme du bon ton et des usages du monde . . . . 1 vol.

MONTGOMMERY (Miss Florence)

Méconnu.................... 1 vol.

OLIVIER DES ARMOISES

Les Millions du beau-père...... 1 vol.

RENEY-LEBAS (Mme)

Souvent homme varie.......... 1 vol.
A tout péché miséricorde....... 1 vol.

ROMAIN (Rose)

Souvenirs d'une enfant pauvre.... 1 vol.

STEPHENS (Ann. S.)

Zana, ou l'Héritière de Clair-Hall.
Traduction de l'anglais de Camille de
Saint-Aubin................ 1 vol.

OUVRAGES POUR LA JEUNESSE

VOLUMES D'ÉTRENNES

OUVRAGES POUR LA JEUNESSE

VOLUMES D'ÉTRENNES

Comtesse J. de B.

Le Mariage de Pantin. Magnifique album grand in-4°, avec ravissante reliure spéciale. Nombreuses illustrations en couleur dans le texte et sous le texte. Huit morceaux de musique inédite et facile. Illustrations de Busnel et Orazi. Musique de P. Blétry . . . . 4 fr. »

CADOL (Edouard)

Le Cheveu du Diable. Illustrations de Vogel. Couverture coloriée de Roy. Un beau volume in-8° cavalier.

    Broché . . . . 3 fr. 50
    Cartonné . . . . 4 fr. »

BUGUET (Henry)

L'Esprit des Enfants. Dédié aux enfants de M. Ferdinand de Lesseps. Préfaces de Victorien Sardou et François Coppée. Illustrations de Choubrac. Beau volume in-8°.

    Broché.................. 5 fr. »
    Cartonné papier............ 7 fr. »
    Cartonné toile, tranches dorées.. 8 fr. »

Le Livre de Pochi, offert et dédié par les amis de son père à Judith Cladel. Texte de Paul Arène, Jean-Bernard, Jules Claretie, Alphonse Daudet, Catulle Mendès, Armand Silvestre, etc. Illustrations de Gambard et Lunel. Beau volume in-8° cavalier, tiré en deux couleurs.

    Broché .... 4 fr.
    Relié dans une charmante couverture originale en soierie ..... 10 fr.

LEMONNIER (Camille)

La Comédie des Jouets. Beau volume in-8°, avec nombreuses illustrations de Auriol, Bac, Fau, Gorguet et Steinlen. Couverture illustrée . . . . 5 fr. »

Relié, tranches dorées, fers spéciaux. 7 fr. 50

~~~~~~~

CAHUN (Léon)

La Vie juive. Préface de Zadock-Kahn, grand rabbin de Paris. Illustrations de A. Lévy. Beau volume grand in-4° contenant 100 grandes gravures et 7 planches hors texte tirées en taille-douce . . 30 fr. »

GUILLAUMOT Fils

Costumes des Ballets du Roy. Archives de l'Opéra. XVIII siècle. Notice de Ch. Nuitter. Volume grand in-4°, renfermé dans un carton spécial, et contenant 20 planches tirées en taille-douce et en couleur . . . . 20 fr. »

PRÉVOST (Camille)

Théorie pratique de l'Escrime. Préface et notice par Ernest Legouvé, de l'Académie française, avec biographie de Prévost père par Adolphe Tavernier. Beau volume grand in-8° raisin, illustré par Bourgoin............... **12 fr. »**

La Bretagne artistique, pittoresque et littéraire. 2 beaux volumes in-8° jésus, contenant 300 gravures dans le texte et 33 gravures hors texte : eaux-fortes, bois, héliogravures, phototypie, etc. Reliure d'amateur........... **70 fr. »**

Brochés............... **60 fr. »**

(Il n'en reste plus que 29 exemplaires.)

OUVRAGES MILITAIRES

OUVRAGES MILITAIRES

En publication :

LE

CAVALIER MISEREY

PAR

Abel HERMANT

Belle publication grand in-8° jésus, illustrée de environ 200 dessins par L. Vallet.

L'ouvrage paraît en 30 livraisons hebdomadaires de 16 pages depuis le 26 novembre 1887. Prix de chaque livraison, renfermée dans une élégante couverture . . . . **0 fr. 30.**

Le volume complet sera mis en vente le 15 mars prochain au prix de :

10 fr. broché.
13 fr. relié.

Tirage à 20 exemplaires sur japon impérial.
Prix : 1 fr. la livraison ; 30 fr. l'ouvrage complet broché.

Tirage à 50 exemplaires sur papier de Hollande.
Prix : 75 c. la livraison ; 20 fr. l'ouvrage complet broché

RICHARD (Jules)

LE SALON MILITAIRE. Publication de luxe illustrée, reproduisant par la photogravure les principales œuvres de peinture et de sculpture militaires exposées chaque année au Salon.

Le Salon militaire paraît en 12 livraisons hebdomadaires in-4°, imprimées sur beau papier vélin, contenant, chacune, 8 pages de texte et 4 photogravures.

Prix de chaque livraison . . . . . . **2 f. 50**

En vente : **Le Salon militaire**, années 1886 et 1887. Chaque année forme un magnifique volume in-4°, illustré de 50 belles photogravures. Prix de chaque volume :

Broché	**35 fr.** »
Relié toile, tête dorée	**38 fr.** »
— drap garance (sous-officier), tête dorée. .	**42 fr.** »

Tirage de luxe : 10 ex., texte et photogravures sur japon
impérial . . . . **75 fr.** »
100 ex. sur Hollande . . . . **50 fr.** »

SALON MILITAIRE 1886

Sommaire des livraisons :

Livraison n° 1. — E. BEAUMETZ. L'appel suprême. Champigny, 2 décembre 1870. — E. BOUTIGNY. La Confrontation. — A. DUMARESQ. Le Ballon dirigeable *la France*. — P. GROLLERON. Episode de la bataille de Loigny.

Livraison n° 2. — E. BOUTIGNY. Les Otages. — E. CHAPERON. La faction. — E. CHARPENTIER. L'artillerie à cheval. — M. ROY. La part des pauvres — J. A. WALKER. La brèche.

Livraison n° 3. — E. BEAUMETZ. Les premières balles. Champigny, 2 décembre 1870. — A. BLIGNY. Le jardinier du colonel. — G. MOREAU (de Tours). La mort du général Pichegru — A. PROTAIS. Le bataillon carré.

Livraison n° 4. — A. BLOCH. La chapelle de la Madeleine à Malestroit. — J. DAUBEIL. La colonne de prisonniers. Sedan 1870. — J. DAVID DE SAUZÉA. Une prise. — CH. MOREL. Le bataillon de Saint-Cyr au retour de la revue de Longchamps

Livraison n° 5. — J. BRAIL. Le renseignement. — G. HYON. Le peintre militaire. — F. PELEZ DE CORDOVA. Sac d'Anvers par les armées espagnoles révoltées. — M. RÉALIER-DUMAS. Le fossé de Vincennes. 20 mars 1804.

Livraison n° 6. — R. ARUS. Un porteur de dépêches. Siège de Paris 1870. — S. GRATEYROLLE. Ambulance dans une ferme. — A. HUBERT. Les cuirassiers à Waterloo. — A. PARIS. Bazeille !

Livraison n° 7. — C. CRÈS. Une embuscade — E. DE BOISLECOMTE. Derniers moments du maréchal Lannes. — E. FICHEL. Un corps de garde. — A. LE DUC. Défense d'un village.

Livraison n° 8. — G. BETTINGER. Le petit patriote. Près Orléans 1870. — J. LE BLANT. Combat de Fère-Champenoise, 25 mars 1814. — E. MÉDARD. Combat dans un village. — PERBOYRE. Bataille de Leipzig.

Livraison n° 9. — E. CHARPENTIER. Troupes en marche. — G. CLARIS. Avant-poste. — J. DAVID DE SAUZÉA. Reconnaissance de cavalerie vendéenne, 1793. — L. ROYER. Charette à Patay.

Livraison n° 10. — E. BRISSET. Le parlementaire. Décembre 1870. — C. KUWASSEG. Episode de la chasse aux pirates dans les mers de Chine. — E. MÉDARD. Buzenval. 1870. — J. MONGE. Episode de la guerre franco-allemande. — H. MOTTE. Vercingétorix se rend à César.

Livraison n° 11. — C. CASTELLANI. Prise de la porte ouest de Son-Tay. — L. GARDETTE. Remise du corps du général Guilhem à l'état-major français. — JOHN-LEWIS BROWN. Le boute-selle. — E. MATHON. Le pont du Bayard.

Livraison n° 12. — A. CROISY. Général Chanzy. — Ch. CORDIER. Le vice-amiral Courbet. — MABILLE. Petit tambour de bataillons scolaires. — B. STEUER. Un éclaireur.

SALON MILITAIRE 1887

Sommaire des livraisons :

Livraison n° 1. — E. BOUTIGNY. Le 7° de ligne à l'assaut de Malakoff. Mort du capitaine Pagès. — E. CHAPERON. La douche au régiment. — P. GROLLERON. La popotte. — P. SINIBALDI. Le 104° de ligne à la bataille de Jemmapes.

Livraison n° 2. — A. DUMARESQ. Alignés! Charge de dragons. — J. MONGE. Forge de la garde républicaine. — G. SURAND. Episode de la prise de l'Oasis de l'Oued-Djellah. — H. WALKER D'ACOSTA. Un poste de gendarmes sous le premier Empire. « Quand un gendarme rit... »

Livraison n° 3. — A. BLOCH. Combat de la Guyonnière ; 27 pluviose an IV. — E. BRISSET. Une arrestation d'otages, 1870. — J. GIRARDET. Les révoltés de Fouesnant. — M. RÉALIER-DUMAS. Bonaparte ; nouveau à l'école de Brienne ; octobre 1779.

Livraison n° 4. — R. ARUS. Bataille de Solférino ; 29 juin 1859. — E. NOIR. Le 115° de ligne à la bataille de Toulouse ; avril 1814. — E. RENARD. Mort du lieutenant-colonel Froidevaux. — ROLL. La guerre. Marche en avant.

Livraison n° 5. — E. DEBAT-PONSAN. Portrait du général Boulanger. — A. LE DRU. Une sortie. — E. RENARD. Mort du lieutenant-colonel Froidevaux. — P. E. SALZEDO. Un conseil de guerre.

Livraison n° 6. — G. BOUTET. Après la musique ; garde républicaine. — G. CLAIRIN. Funérailles de Victor Hugo. La veillée. — L. GARDETTE. En retraite. - A. MOROT. Bataille de Reischoffen.

Livraison n° 7. — H. M. CHARLEMAGNE. Tuyen Quan (assaut du 22 février). — L. P. JAZET. Portrait du lieutenant-colonel Dally. — Ch. MOREL. Le Drapeau et sa garde. — Après le feu. — M. ROY. Le colonel Charlier du 90° de ligne tué à Buffalora.

Livraison n° 8. — G. CLARIS. L'interrogatoire. — Ch. CRES. Le triomphe du prix d'honneur. Prytanée militaire. — J. C. DESTRUZ. La défense du drapeau ; groupe, plâtre. — B. L. HERCULE. Au drapeau ! Statue bronze.

Livraison n° 9. — J. GRANIÉ. Une chambrée à l'heure de la soupe. — G. HYON. Après Iéna. — J. D. LUBIN. De retour au pays. — G. NEYMARK. Combat de Hoff (6 février 1807).

Livraison n° 10. — L. H. CORDIER. La jeune armée. — L. H. CORDIER. Le général Lassalle. — J. DAUBEIL. Un exemple. — E. B. FICHEL. Le rapport au général.

Livraison n° 11. — E. BEAUMETZ. Ils ne l'auront pas ! — E. H. BLANCHON. Bataille de Solférino. — L. DU PATY. Bataille de Friedland. — Ch. MERLETTE. Combat dans une église.

Livraison n° 12. — L. E. BAILLE. La gamelle. Un bon souvenir du volontariat. — E. J. DELAHAYE. Charge du 12° hussards à Marengo. — A. DIDIER. Prise des lignes de Wessembourg par le général Hoche. — L. F. PELEZ de CARDOVA. En congé.

Livraison n° 13. — M. L. BILLIARD. Le drapeau des chasseurs à pied. — L.-H. CORDIER. Le général Boulanger.

BOURNAND (François)

Le Régiment de Sapeurs-pompiers de Paris. Beau volume in-4° jésus, contenant 40 dessins inédits dont 8 grandes compositions hors texte par CHARLES MOREL . . . . **12** fr.

DUPUY (Raoul)

Historique du 3° régiment de Hussards. Illustrations de ALFRED PARIS. Beau volume in-8° jésus, imprimé avec soin sur papier velin . . . . **10** fr.

    50 ex. sur hollande, à **20** fr.
    20 ex. sur japon, à **40** fr.
    1 ex. unique sur parchemin, avec les originaux des dessins et une double suite des gravures en noir et en couleur. . . . . **800** fr.

VOLUMES DIVERS

VOLUMES DIVERS

LA FRANCE ARTISTIQUE ET PITTORESQUE

BRETAGNE
Par HENRI DU CLEUZIOU

Le Pays de Léon. Illustrations de Th. Busnel. 2 volumes in-8° cavalier. Prix .... **10 fr.**

Chaque volume se vend séparément 5 francs.

FLOUX (Jean)

Les Maîtresses. Beau volume grand in-8° cavalier, contenant 9 superbes planches hors texte en taille-douce d'après les compositions de J. Béraud, Benjamin Constant, Max Faivre, Fanny Fleury, Giacomelli, L. Glaize, L. O. Merson, Vignal, Yamamoto .... **10 fr.**

10 ex. sur Japon à 40 fr.

AKËDYSSÉRIL

PAR

Le comte de VILLIERS DE L'ISLE-ADAM

Superbe plaquette grand in-8° raisin, tirée sur Japon à 250 exemplaires numérotés, contenant : un portrait inédit de l'auteur, avec fac-simile, une magnifique taille-douce *inédite* en triple état (noir, bleu et sanguine) de FÉLICIEN ROPS, et deux dessins inédits de HERVIÉ, noir et sanguine.

Prix : 20 francs.

Il en reste 7 ex.

~~~~~~~~

ARÜSS (Arsène)

Sottisier. Petit dictionnaire humoristique et rabelaisien à l'usage des gens du monde. Préface d'ALBERT MILLAUD. Illustrations de DIAZ, D. FRANÇOIS, JAPHET, MASO, MONTÉGUT, etc. Beau volume in-8° cavalier, avec couverture coloriée de LUNEL . . . . 3 fr. 50

CAREL A.)

Folles de leurs corps. Charmante plaquette in-8° cavalier, avec dessins de BAC et DESTEZ, et gravures sanguine de HOPE. Couverture coloriée. . . . . 2 fr. »

VIGNON (Claude)

Vingt jours en Espagne. Un beau volume in-8° illustré. Couverture coloriée. **3 fr. 50**

Le Conseil municipal de Paris peint par lui-même avec les accessoires. Album in-8° oblong, contenant 86 portraits-charges . . . . **2 fr. 50**

BOISGROLAU (Jean de)

Une Vierge martyre. Roman parisien. In-18 . . . . **3 fr. »**

DUVAL (Georges)

Dictionnaire des métaphores de Victor Hugo. Préface de François Coppée. Beau volume in-16 . . . . . . **5 fr. »**

 5 ex. sur Japon, à **25** fr.
 5 ex. sur Chine, à **20** fr.
 15 ex. sur Hollande, à **15** fr.

FANTAISIES D'AUTEURS

ILLUSTRÉES

FANTAISIES D'AUTEURS ILLUSTRÉES

SAUVENIÈRE (Alfred de)

Piments rouges. Dessins de Lunel, Steinlen, et A. L. Couverture coloriée par M. Delbonnel. Beau volume in-8° cavalier . . . . 5 fr. »

10 ex. sur Japon impérial, à 20 fr. l'un.

Sous presse :

MAIZEROY (René)

Le Diable au Corps. Parisiennes. Dessins de Gorguet et Galice. Couverture coloriée. Beau volume in 8° cavalier . . . . . 5 fr. »

TESSIER (Henri)

Contes à ne pas lire. Couverture coloriée et nombreuses illustrations dans le texte. Un volume in-8° cavalier . . . . 5 fr. »

TABLE ALPHABÉTIQUE

PAR NOMS D'AUTEURS

	Pages.
Aldo Gennari. — Jeune fille bien élevée	26
Ange Bénigne. — A demi-mot	12
Arûss (Arsène). — Sottisier	45
Blanchet de Mussy. — Merluchon	4
Boubée (S.). — Main-de-Cire	4
Bournand (F.). — Sapeurs-Pompiers	41
Bretagne artistique. 2 vol	33
Buguet (H.). — Esprit des Enfants	31
Cadol (E.). — Cheveu du Diable	30
Cahun (L.). — Vie Juive	32
Caraguel (J.). — Barthozouls	4
Carel (A.). — Folles de leurs corps	45
Cère (E.). — Petits patriotes	26
Cladel (L.). — Gueux de marque	4
Id. Mi-Diable	2
Id. Petits cahiers	12
Le Conseil municipal de Paris	46
Contes du Figaro	12
Conti (H.). — Vierge et Mère	5
De Boisgrolau (J.). — Vierge martyre	46
Delcourt (P.). — Le Vice à Paris	5
Id. Le Vol à Paris	5
De Lyné (H.). — Lieutenant Cupidon	12
De Nogent (Mme). — Catéchisme du bon ton	26
Dubarry (A.). — Monsieur le Grand Turc	13

	Pages.
Dubut de Laforest. — Contes à la paresseuse	13
Du Cleuziou (H.). — Pays de Léon	44
Dupuy (R.). — 3º Hussards	41
Durantin (A.). — Carnaval de Nice	5
Duval (G.). — Fils de Loups	5
Id. Dictionnaire des Métaphores	46
Fidus. — Journal de 10 ans	5
Floux (J.). — Les Maîtresses	44
Foley (C.). — Les Saynètes	13
Id. Les Bonnes amies	23
Gandillot (L.). — Vers amoureux	5
Gastyne (J. de). — Bâtard légitime	5
Gayda (J.). — Ce Brigand d'amour	14
Guillaumot. — Costumes des ballets	32
Guy de Maupassant. — Clair de lune	13
Guy de Saint-Môr. — Péchés mortels	13
Id. Ça porte bonheur	13
Id. Paris sur scène	23
Hermant (A.). — Le Cavalier Miserey	36
L'Angle Beaumanoir (de). — Harper's Ferry	6
Larocque (J.). — Les Voluptueuses : Isey	6
Id. id. Viviane	6
Id. id. Odile	6
Lavedan (H.). — Reine Janvier	14
Lemonnier (C.). — Le Mort	6
Id. Les Concubins	14
Id. La Comédie des Jouets	32
Le livre de Pochi	31
Lory-Dabo. — Tueur de Gueuses	6
Maisonneuve (Th.). — Amours de Fauves	14
Maizeroy (R.). — Le Diable au Corps	48
Manoël de Grandfort. — Confessions féminines	7
Le Mariage de Pantin	30
Mendès (C.). — Robe montante	7
Id. Lila et Colette	14

	Pages.
Montagne (E.). — La Feuille à l'envers	15
Monteil (E.). — Le Roman du Roman	7
Montgomery (F.) — Méconnu	27
Olivier des Armoises. — Les millions	27
Premières Illustrées.	18, 19, 20, 21 22
Prévost (C.). — Escrime	33
Rachilde. — Nono	7
Id. La Virginité de Diane	7
Reney-Lebas. — Souvent homme varie	27
Id. A tout péché miséricorde	27
Richard (Ch.). — Malingreux	15
Richard (J.). — Salon militaire	37, 38, 39 40
Rochefort (H.). — 50 pour 100	7
Romain (R.). — Enfant pauvre	27
Rouquette (J.). — Ce que coûtent les femmes	8
Sauton (G.). — Les Détraquées	8
Sauvenière (A. de). — Idylle rouge	8
Id. Piments rouges	48
Silvestre (A.). — Histoires inconvenantes	8
Sirven (A.). — Etiennette	8
Stéphens (A. S.). — Zana	27
Talmeyr (M.). — Histoires joyeuses	15
Tessier (H.). — La Marée sanglante	8
Id. Contes à ne pas lire	48
Tinchant (A.). — Les Fautes	9
Ulbach (L.). — Amants et Maris	15
Valabrègue (A.). — Le Crime	23
Id. et **Bertol-Graivil.** — Bonnes amies	23
Vard (A.). — Heures noires	9
Villiers de l'Isle-Adam (Cte de). — Eve future	9
Id. Amour suprême	9
Id. Akëdysséril	45
Vignon (Cl.). — 20 jours en Espagne	46

Tours. — Typ. E. MAZEREAU, rue Richelieu, 13.

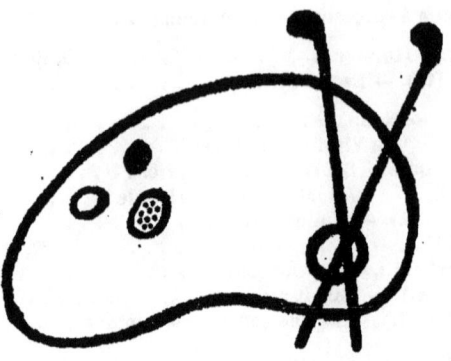

Original en couleur
NF Z 43-120-8

www.ingramcontent.com/pod-product-compliance
Lightning Source LLC
Chambersburg PA
CBHW050310170426
43202CB00011B/1843